RECUEIL DE RAPPORTS

SUR

LES PROGRÈS DES LETTRES ET DES SCIENCES

EN FRANCE.

PARIS.

LIBRAIRIE DE L. HACHETTE ET CIE,

BOULEVARD SAINT-GERMAIN, N° 77.

RECUEIL DE RAPPORTS

SUR

LES PROGRÈS DES LETTRES ET DES SCIENCES

EN FRANCE.

RAPPORT

SUR

LES PROGRÈS DE LA MÉDECINE

EN FRANCE,

PAR

MM. BÉCLARD ET AXENFELD.

PUBLICATION FAITE SOUS LES AUSPICES
DU MINISTÈRE DE L'INSTRUCTION PUBLIQUE.

PARIS.

IMPRIMÉ PAR AUTORISATION DE SON EXC. LE GARDE DES SCEAUX
A L'IMPRIMERIE IMPÉRIALE.

M DCCC LXVII.

1867

RAPPORT

SUR

LES PROGRÈS DE LA MÉDECINE

EN FRANCE.

La médecine est à la fois Science et Art, Pathologie et Clinique. Comme science, elle étudie les phénomènes morbides pour en découvrir les lois; comme art, elle observe les malades, dans le but de les soulager ou de les guérir. A la vérité, la science médicale et l'art du médecin se pénètrent et se complètent réciproquement; mais la doctrine, pour n'être pas séparée de la pratique, en demeure distincte par essence, et les progrès accomplis en médecine peuvent et doivent être envisagés sous ce double aspect : progrès de la science médicale, progrès de l'art médical.

SCIENCE MÉDICALE.

Nous allons passer rapidement en revue les diverses parties de la pathologie, dont chacune forme comme une science à part, savoir :

L'*Anatomie pathologique,* qui a pour objet toutes les lésions dont le corps humain est susceptible;

La *Physiologie pathologique*, qui s'occupe de tous les changements survenus dans les fonctions de l'organisme;

L'*Étiologie*, ou science des causes morbifiques;

Enfin la *Nosologie*, qui, sur la double notion de la cause et des effets, assoit l'idée plus compréhensive de l'*espèce morbide*, et, dans une synthèse encore plus élevée, tente d'opérer la classification des maladies.

Commençons par l'anatomie pathologique, et dressons le bilan des principales acquisitions dont elle s'est enrichie dans ces dernières années, grâce aux travaux des médecins français.

ANATOMIE PATHOLOGIQUE.

Le grand essor imprimé à cette partie de la pathologie ne date guère que du commencement du XIXe siècle. Sans doute, des ouvrages tels que le *Sepulchretum*[1] ou le *De sedibus et causis morborum*[2] sont là pour attester qu'à d'autres époques aussi les médecins savaient tout le prix de semblables études. Quoi de plus essentiel, en effet, à la connaissance de la maladie que la vérification directe des désordres admis ou soupçonnés sur le vivant? Mais de cette anatomie pathologique, réduite au modeste contrôle des faits cliniques, à l'anatomie pathologique telle qu'elle est constituée de nos jours, la distance est considérable. Pour comprendre comment ce pas a été franchi, il faut se reporter aux grands débats suscités en France par la réforme broussaisienne. La médecine dite *physiologique* avait commencé par affirmer que toute perturbation fonctionnelle se lie à une modification matérielle des organes, et elle était, à cet égard, identique avec ce qu'on a nommé plus tard l'*Organicisme*.

Que le promoteur de cette doctrine, plus vigoureux penseur qu'observateur patient, ne soit pas allé jusqu'au bout de ses pro-

[1] Th. BONET, *Sepulchretum, seu anatomia practica*, Genevæ, 1679. — [2] J. B. MORGAGNI, *De sedibus et causis morborum per anatomen indagatis*, Venetiis, 1760.

pres conclusions, et qu'il ait englobé presque toutes les altérations d'organes dans la conception vague de l'*irritation*, peu importe : la logique des systèmes est souvent supérieure à celle des systématiques. Ce que l'auteur de l'*Examen*[1] n'avait pas su faire, ce qu'il eut même le tort de repousser comme une erreur ou comme une superfluité, fut fait, et avec un admirable talent, par l'auteur du *Traité de l'auscultation médiate*[2]. Aujourd'hui l'histoire, oublieuse de tout ce que la personnalité mêle à la marche des idées, peut réconcilier ces frères ennemis, et rétablir le sens vrai de leur œuvre, en lui assignant pour origine un même besoin de certitude. La science des lésions morbides, affirmée dans l'*Histoire des phlegmasies chroniques*[3], se révèle dans le *Traité de l'auscultation* avec un cortége imposant de découvertes; dans le *Précis d'anatomie pathologique*[4], elle se trace à elle-même des limites, tout en se défendant contre les empiétements des généralisations intempestives. Vient alors le *Traité d'anatomie pathologique générale* et le grand *Atlas*[5] annexé à cet ouvrage. Le maître à qui nous devons ces dernières œuvres, assis dans la chaire spéciale qu'un des plus grands chirurgiens de notre temps (Dupuytren) a fondée à l'école de Paris, enseigne plusieurs générations de médecins; il réorganise et préside la *Société anatomique*[6], où les faits recueillis dans les hôpitaux subissent l'épreuve d'une utile et profitable controverse.

Nous sommes en possession des résultats que tant d'efforts ont amenés. Un autre legs du passé, ce sont les vérités fécondes dépo-

[1] F. J. V. Broussais, *Examen des doctrines médicales*, Paris, 1817.

[2] M. Laennec, *Traité de l'auscultation médiate, ou traité du diagnostic des maladies des poumons et du cœur*, Paris, 1819.

[3] F. J. V. Broussais, *Histoire des phlegmasies chroniques*, Paris, 1808.

[4] G. Andral, *Précis d'anatomie pathologique*, Paris, 1829.

[5] J. Cruveilhier, *Traité d'anatomie pathologique générale*, 5 vol. Paris, 1849-1864; — *Anatomie pathologique du corps humain, ou description avec figures lithographiées*, etc. Paris, 1830-1842, 2 vol. in-fol. avec 230 planches coloriées.

[6] *Bulletins de la Société anatomique* (président perpétuel, M. Cruveilhier), Paris, 1826-1866, 40 vol.

sées en germe dans l'*Anatomie générale*[1]. L'étude des organes altérés avait pour complément nécessaire l'étude des tissus et des éléments de tissus intéressés dans ces altérations, et l'*Histologie pathologique* est née de cette nécessité. Tout le monde sait à quel point les investigations de cet ordre ont fixé et attirent encore l'attention du monde médical : les travaux de la *Société anatomique*, de la *Société de biologie*[2], de la *Société micrographique*[3] le prouvent suffisamment; l'œuvre monumentale d'un auteur à qui ses travaux ont valu dans la science française ses grandes lettres de naturalisation[4] atteste la même tendance. Ajoutons que l'enseignement officiel de l'*Histologie normale et morbide* a été récemment créé à la Faculté de médecine, et qu'il est confié à l'un des savants les plus compétents de l'époque[5].

Les recherches histologiques n'ont pas seulement conduit à la

[1] Xavier BICHAT, *Anatomie générale appliquée à la physiologie et à la médecine*, Paris, 1801.

[2] *Comptes rendus des séances et Mémoires de la Société de biologie* (président, M. RAYER), Paris, 1849-1865, 17 vol.

[3] La *Société micrographique* (président, M. ROBIN), fondée en juillet 1866, publie ses comptes rendus dans le *Journal de l'anatomie et de la physiologie de l'homme*, de M. ROBIN.

[4] H. LEBERT, *Traité d'anatomie pathologique générale et spéciale, ou description et iconographie pathologique*, 1857-1861, in-folio.

[5] Le professeur ROBIN, auteur de travaux trop nombreux pour pouvoir tous trouver place dans cette notice. Il suffira de citer les principaux : *Mémoires pour servir à l'histoire anatomique et pathologique de la membrane muqueuse utérine* (*Arch. générales de médecine*, 1848, t. XVII); — *Du microscope et des injections*, Paris, 1849; — *Mémoire sur le tissu hétéradénique* (*Gaz. hebdomad. de méd. et de chir.* 1856; — en collaboration avec VERDEIL : *Traité de chimie anatomique et physiologique, normale et pathologique*, 1852, avec atlas de 56 planches; *Histoire naturelle des végétaux qui croissent sur l'homme et les animaux vivants*, avec 15 planches, 1853; — en collaboration avec M. LITTRÉ : *Dictionnaire de médecine, de chirurgie, de pharmacie, des sciences accessoires et de l'art vétérinaire*, 12e édition, 1865; — *Mémoires sur les divers modes de naissance de la substance organisée en général et des éléments anatomiques en particulier*, 1864 et 1865. — *Leçons sur les humeurs normales et morbides du corps de l'homme*, 1867. — Le professeur ROBIN dirige le *Journal de l'anatomie et de la physiologie normales et pathologiques*, dont trois volumes ont déjà paru, 1864-1865-1866, et qui fait suite au *Journal de la physiologie de l'homme et des animaux*, de M. BROWN-SEQUARD.

découverte de faits intéressants; elles ont imprimé à l'anatomie pathologique une nouvelle direction. Pénétrant plus avant dans la substance des organes, à la faveur de procédés qui lui appartiennent en propre, la scrutant plus intimement que l'anatomie pathologique descriptive, l'*Histologie* tend de plus en plus à devenir *Histogénie.* Elle ne se borne plus à saisir les lésions organiques dans leurs degrés les plus avancés, sous leur forme la plus frappante; elle veut aller plus loin, remonter à leur origine, aux phases les moins apparentes de leur développement. Son terrain de prédilection est justement cette frontière indécise qui sépare le tissu sain du tissu en voie d'altération, là où l'état normal confine à l'état morbide commençant. On peut prévoir que, pendant longtemps encore, cette anatomie pathologique toute moderne soulèvera d'ardentes discussions, en raison de ses enseignements, ou incomplets ou contradictoires. Mais la voie difficile où elle est engagée n'en est pas moins la bonne, et elle doit nécessairement conduire à une intelligence plus complète de la maladie, et partant à une intervention plus rationnelle de l'art médical.

Nous devons signaler encore, comme l'un des titres dont la médecine française de nos jours a le droit de s'enorgueillir, les recherches sur la constitution des liquides de l'organisme dans les maladies. Ce fut un véritable événement que l'apparition du petit volume intitulé : *Essai d'hématologie pathologique*[1]. Ce livre, précédé de quelques tentatives dans le même sens[2], a définitivement banni une erreur séculaire et intronisé une vérité. Il s'agissait, non pas

[1] J. Andral, *Essai d'hématologie pathologique*, Paris, 1842. — Andral et Gavarret, *Recherches sur les modifications de proportion de quelques principes du sang dans les maladies.* (*Annales de chimie et de physique*, 1840.) — Des mêmes auteurs : *Recherches sur la composition du sang de quelques animaux* (même recueil, 1842); — *Réponses aux principales objections*, etc.

[2] Piorry et Lhéritier, *Traité des altérations du sang*, Paris, 1840. — Denis (de Commercy), *Recherches expérimentales sur le sang humain considéré à l'état sain*, Commercy, 1830. — Lecanu, *Études chimiques sur le sang humain*, Paris, 1837; — *Analyses comparatives du sang* (*Journal de pharmacie*, 1831).

d'admettre partout des altérations du sang possibles, mais de les démontrer, quand elles existent, par une analyse chimique précise; non de réédifier l'humorisme comme système, mais de faire aux lésions humorales la place qui leur est due à côté des lésions organiques[1]. En d'autres termes, il fallait tirer l'hématologie du domaine de la *pathogénie*, pour la faire rentrer dans l'anatomie pathologique, en prenant le sang, cette *chair coulante*, pour ce qu'il est en réalité : un vaste organe liquide. Mais une pareille restauration ne pouvait se faire qu'au prix d'une rénovation. C'est ce qui a eu lieu, et, sous la forme qu'il a prise en rentrant dans la science, l'humorisme, mieux compris, n'a plus rien d'inconciliable avec le *solidisme*[2].

Maintenant, pour sortir des généralités, voyons quels progrès l'anatomie pathologique a réalisés dans ces dernières années, soit dans les maladies locales, soit dans les maladies générales.

Maladies locales. Les recherches de nos anatomo-pathologistes ont vivement éclairé l'histoire des affections qui intéressent le tube digestif et ses annexes.

Sans même parler ici des lésions intestinales de la fièvre typhoïde, lésions dont la découverte a complétement changé la face de la pyrétologie, nous signalerons parmi les faits les plus importants :

Le ramollissement de la membrane muqueuse gastro-intestinale[3], altération si fréquente et si longtemps méconnue;

L'ulcération simple de l'estomac[4], lésion guérissable, à laquelle

[1] JACCOUD, *De l'humorisme ancien et moderne*, Paris, 1859.

[2] BECQUEREL et RODIER, *Recherches sur la composition du sang dans l'état de santé et de maladie*, Paris, 1844. — ROBIN, *Leçons sur les humeurs*, 1867.

[3] BILLARD, *Recherches d'anatomie pathologique sur la membrane muqueuse gastro-intestinale*, Paris, 1833. — ANDRAL, *Précis d'anatomie pathologique*, t. II. — LOUIS, *Du ramollissement avec amincissement et de la destruction de la membrane muqueuse de l'estomac; Mémoires et recherches anatomo-pathologiques*, Paris, 1826. — CRUVEILHIER, *Anatomie pathologique*, 1830.

[4] CRUVEILHIER, *Mémoires sur l'ulcère chronique simple de l'estomac* (*Revue médicale*, 1838; *Archives de méd.* 1856); — livraisons X et XI de son *Anatomie pathologique*.

correspondent des symptômes particuliers et qui était journellement confondue avec les maladies gastriques absolument inguérissables;

La cirrhose du foie[1], suivie dans toutes ses phases, depuis la première, qui consiste dans la formation d'un tissu conjonctif nouveau, jusqu'à la dernière, que caractérise l'atrophie des éléments sous l'envahissement et la pression de ce tissu rétractile;

Les altérations syphilitiques du foie chez les jeunes enfants[2];

Et un grand nombre d'autres altérations de moindre importance, signalées pour la première fois ou décrites avec une exactitude toute nouvelle, telles que la congestion hépatique et splénique[3], etc.

Les grands faits relatifs à l'anatomie morbide de l'*appareil respiratoire* avaient été presque tous indiqués dans le *Traité de l'auscultation médiate.* Là où un génie puissant avait passé, il ne restait plus guère de place que pour des découvertes de détail et pour des perfectionnements. L'histoire des affections aiguës et chroniques des poumons n'était plus à recommencer; mais nous devons mentionner les recherches plus récentes qui ont eu pour objet : l'emphysème pulmonaire[4], les dilatations bronchiques[5], les pneumonies primitives et secondaires[6], la congestion hypostatique de la base

[1] Bouillaud, *Mém. sur la cirrhose du foie.* (*Mém. de la Soc. méd. d'émulation,* 1826.) — Andral, *Clinique méd.* 2e édit. 1834, t. II. — Cruveilhier, *Anatomie pathologique,* livraison XII. — Becquerel, *Recherches anatomo-pathologiques sur la cirrhose du foie.* (*Archives de méd.* 1840.) — Requin, *Éléments de path. méd.* 1846, t. II. — Monneret, *Études cliniques sur la cirrhose du foie.* (*Arch. de méd.* 1852.) — Gubler, *Établir la théorie la plus rationnelle de la cirrhose,* Paris, 1853.

[2] Gubler, *Mémoire sur une nouvelle affection du foie liée à la syphilis héréditaire.* (*Gaz. médicale,* 1852.)

[3] Piorry, *Traité de médecine pratique,* Paris, 1840-1850. — L. Fleury, *Traité pratique et raisonné d'hydrothérapie; recherches sur l'application de cette médication au traitement des congestions chroniques du foie, de la rate,* etc. Paris, 1852.

[4] Louis, *Recherches sur l'emphysème des poumons.* (*Mém. de la Soc. méd. d'observation,* Paris, 1836.)

[5] Barth, *Recherches sur la dilatation des bronches.* (*Mém. de la Soc. méd. d'observation,* 1856.)

[6] Grisolle, *Traité pratique de la pneumonie,* 1re édit. 1841; 2e édit. 1864. — Legendre et Bailly, *Sur quelques maladies du poumon chez l'enfant.* (*Arch. de méd.* 1844.) — Delaberge, *Recherches sur la*

des poumons[1], la congestion aiguë de ces organes[2], l'hémorragie interstitielle ou apoplexie pulmonaire[3] étudiée dans ses deux formes (apoplexie par foyers et apoplexie par infiltration), enfin la tuberculisation à marche lente ou rapide[4].

Citons encore les travaux relatifs aux affections du larynx, aux ulcères de cet organe[5], à l'inflammation qui s'y développe tantôt dans la membrane muqueuse elle-même, tantôt dans le tissu cellulaire sous-muqueux (laryngite sus-muqueuse, sus-glottique et sous-glottique), auquel cas elle donne lieu aux accidents formidables que rappelle ce nom d'*œdème de la glotte*[6].

Si nous passons à l'appareil circulatoire, nous trouvons à signa-

pneumonie lobulaire. (*Journ. hebdomadaire,* 1834.) — RUFZ, *Quelques recherches sur la pneumonie des enfants.* (*Journal des connaiss. méd.* 1835.) — TROUSSEAU, *De la pneumonie chez les enfants.* (*Journal de méd.* 1844.) — Voyez aussi : RILLIET et BARTHEZ, *Traité des maladies des enfants,* et DURAND-FARDEL, *Traité des maladies des vieillards;* — PRUS, *Recherches sur les maladies de la vieillesse.* (*Mém. de l'Acad. de méd.* 1840.)

[1] PIORRY, *Pneumohémie hypostatique.* (*Traité de médecine pratique,* t. II.)

[2] WOILLEZ, *Recherches cliniques sur la congestion pulmonaire.* (*Arch. de médecine,* 1866.) On y trouve mentionnés les travaux antérieurs de MM. HOURMANN et DECHAMBRE, DEVERGIE et LEBERT (de Nogent-le-Rotrou), FOURNET, etc.

[3] CRUVEILHIER, article APOPLEXIE du *Diction. de méd. pratique,* t. III, et *Anatomie path.* livraison III.

[4] LOUIS, *Recherches anatomico-pathologiques sur la phthisie,* 2ᵉ édition, Paris, 1843. — J. BRICHETEAU, *Traité sur les maladies chroniques des organes de l'appareil respiratoire,* Paris, 1851. — FOURNET, *Recherches cliniques sur l'auscultation et sur la première période de la phthisie pulmonaire,* Paris, 1839. — LEUDET, *Recherches sur la phthisie aiguë,* Paris, 1851. — EMPIS, *De la granulie,* Paris, 1865. — HÉRARD et CORNIL, *De la phthisie pulm.* Paris, 1867.

[5] TROUSSEAU et BELLOC, *Traité pratique de la phthisie laryngée,* Paris, 1837.

[6] G. L. BAYLE, *Mém. sur l'œdème de la glotte.* (*Journ. de méd. et de chir.* 1819.) — TUILIER, *Essai sur l'angine laryngée œdémateuse,* Paris, 1835. — BOUILLAUD, *Rech. et obs. pour servir à l'hist. de l'ang. laryngée œdémateuse.* (*Arch. de méd.* 1825.) — LISFRANC, *Mém. sur l'angine laryngée œdémateuse.* (*Journ. général de méd.* 1825.) — CRUVEILHIER, article LARYNGITE du *Diction. de méd. et de chir. pratiques,* 1834.) — LEGROUX, *Quelques faits relatifs à l'angine laryngée œdémateuse.* (*Journal des connaiss. médico-chir.* 1839.) — BRICHETEAU, *Nouv. rech. sur la maladie appelée* ANGINE AQUEUSE. (*Arch. de méd.* 1841.) — VALLEIX, *Mém. de l'œdème de la glotte.* (*Mém. de l'Acad. de méd.* 1845.) — SESTIER, *Traité de l'angine laryngée œdémateuse,* Paris, 1852.

ler en premier lieu la description de l'endocardite, due à un professeur de l'école de Paris[1]. Avant les beaux travaux de ce maître, l'inflammation de la membrane interne du cœur avait été tout au plus soupçonnée. Non-seulement il eut le mérite d'en signaler la réalité et la fréquence, mais encore il sut en déterminer les signes, souvent délicats et difficiles à saisir au début, et en indiquer les conséquences prochaines ou tardives. En même temps, il fit connaître la coïncidence des affections inflammatoires du cœur avec le rhumatisme articulaire. On citerait à peine en ce siècle (sauf peut-être la découverte des altérations rénales dans leurs rapports avec les hydropisies) un fait égal à celui-là en importance, au double point de vue doctrinal et pratique. L'endocardite connue, ce fut comme un coup de lumière pénétrant brusquement dans l'histoire, jusque-là si confuse, des maladies du cœur : causes et origine, symptômes et complications, tout apparut sous un jour nouveau. Et l'impulsion, une fois donnée, a continué et continue à agir encore, ici et ailleurs; c'est d'elle que dérivent les recherches nombreuses auxquelles nous devons de connaître les altérations cardiaques dans leurs moindres détails. Comme pour mieux marquer le caractère tout français de la découverte initiale, la coïncidence de l'endocardite et du rhumatisme a été formellement rattachée par l'auteur à cette idée consignée dans l'*Anatomie générale*, savoir : que les tissus similaires — qui sont, dans l'espèce, les membranes synoviales et séreuses — ont des maladies similaires; que l'analogie d'organisation implique l'analogie d'affection.

Les autres parties du système circulatoire ont été également l'objet d'investigations intéressantes, notamment en ce qui concerne les altérations des systèmes veineux et artériel. Peut-être n'est-il pas inutile de rappeler que les premiers travaux complets sur la *phlébite* (inflammation des veines)[2] et sur les conséquences si redou-

[1] J. Bouillaud, *Traité clinique des maladies du cœur*, Paris, 1835; — *Nouvelles recherches cliniques sur le rhumatisme articulaire aigu*, Paris, 1836; — *Clinique médicale*, 1837.

[2] Ribes, *Exposé succinct des recherches*

tables qu'elle peut entraîner ont été publiés en France. Jusque-là on ignorait presque comment le pus des veines enflammées pénètre dans le torrent circulatoire, comment le sang le charrie et le dépose çà et là, dans la trame des organes, sous la forme d'abcès dits *métastatiques*[1]. Les recherches entreprises à l'étranger sur l'oblitération des veines par des caillots (*thrombose*), sur les altérations diverses que peut subir le sang coagulé, sur les migrations des fragments qui s'en détachent (*embolie*), n'ont pas eu d'autre point de départ.

C'est encore en France que les premières et les plus importantes notions ont été acquises relativement à cette altération des artères qui se termine par l'état crétacé de leurs parois, et à cette oblitération de leur lumière par des caillots sanguins[2], qui a pour

faites sur la phlébite. (*Revue méd.* 1825.) — VELPEAU, *Rech. et observ. sur l'altération du sang dans les maladies.* (*Revue médicale*, 1826.) — BLANDIN, *Mémoire sur quelques accidents très-communs à la suite des amputations.* (*Journal hebdomadaire*, 1829.) — CRUVEILHIER, *Anatomie pathologique du corps humain* et article PHLÉBITE du *Diction. de médec. et de chirurgie pratiques*, 1834. — BOUILLAUD, *Traité clinique des maladies du cœur*, 1835. — DANCE, *De la phlébite utérine et de la phlébite en général.* (*Arch. de médecine*, 1838.) — DUPLAY, *Quelques observations tendant à éclairer l'histoire de la phlébite utérine* (*Arch. de médecine*, 1836); — *Quelques observations pour servir à l'hist. de l'inflam. de la veine ombilicale.* (*L'Expérience*, 1838.) — TONNELÉ, *Mémoire sur les maladies des sinus veineux de la dure-mère.* (*Journ. hebdomad.* 1829.) — TESSIER, *Exposé et examen critique des doctrines de la phlébite* (*l'Expérience*, 1838); — *De la diathèse purulente* (*ibid.*); — *Sur quelques points du mécanisme de l'infection purulente* (*Gaz. méd.* 1842); — *De l'oblitération des veines enflammées* (*ibid.*). — BOUILLAUD, *De l'oblitération des veines et de son influence sur la formation des hydropisies partielles.* (*Arch. de médecine*, 1823.) — VELPEAU, *Rech. et observ. sur la phlegmasia.* (*Arch. de méd.* 1824.) — ALLONNEAU, *Observ. du phlegm. alba dolens.* (*Journal complém. des sciences médic.* 1830.) — BOUCHUT, *Mém. sur le phlegm. alba dolens.* (*Gazette méd.* 1844.)

[1] F. D'ARCET, *Recherches sur les abcès multiples*, etc. Paris, 1842. — P. BÉRARD, article PUS du *Diction. des sc. méd.* 1842. — L. FLEURY, *Essai sur l'infection purulente*, Paris, 1844. — CASTELNAU et DUCREST, *Des cas dans lesquels on observe des abcès multiples.* (*Mém. de l'Acad. de méd.* 1846.)

[2] BRESCHET, *Histoire de la phlegmasie des vaisseaux ou angite.* (*Journal des progrès*, t. XVII, 1829.) — BOUILLAUD, article ARTÉRITE du *Dictionnaire de médecine pratique*, 1829. — DELPECH et DUBREUIL, *Sur l'artérite et la gangrène momifique.* (*Mémorial des hôpitaux du Midi*, 1829.) — DUPUYTREN, *Leçons orales de clinique chirurgicale*, t. IV; — *De la gangrène symptom. par suite d'artérite*, Paris, 1832. — ROCHE, *Nouveaux éléments de pathologie*, t. I,

résultat les gangrènes dites *spontanées*. — Nous en dirons autant de l'inflammation des vaisseaux lymphatiques ou angioleucite[1].

La pathologie des organes urinaires était bien peu explorée au commencement de notre siècle, quand un médecin de la Grande-Bretagne y inaugura une ère nouvelle, en découvrant une altération particulière des reins à laquelle son nom est resté attaché. Par là une regrettable lacune se trouvait comblée dans l'anatomie pathologique de l'un des plus importants organes de l'économie; la séméiologie s'enrichit d'un signe nouveau (la présence de l'albumine dans l'urine), et les ténèbres dont l'histoire générale des hydropisies était environnée commencèrent à se dissiper. Mais les travaux du pathologiste anglais n'étaient connus en France que du plus petit nombre: le *Traité des maladies des reins*[2] eut le double avantage de les répandre parmi nous et de les compléter en plus d'un point, principalement en ce qui touche à la forme aiguë de la maladie de Bright. Depuis, des recherches successives ont conduit à faire connaître les diverses altérations du rein dans toutes les phases de leur développement, à en déterminer la véritable signification, et à interpréter tous les accidents qui s'y rattachent, y compris les accidents comateux ou convulsifs auxquels on a imposé le nom de phénomènes *urémiques*[3].

1844. — Legroux, *Des polypes artériels.* (*Gazette hebdom.* 1858.) — Marchal (de Calvi), *Recherches sur les accidents diabétiques*, Paris, 1864.

[1] Alard, *De l'inflamm. des veines lymphatiques dermoïdes et sous-cutanées*, Paris, 1824. — Bouillaud, article lymphangite du *Dictionnaire de méd. et de chir. pratiques*, 1834.—Velpeau, *Mém. sur les maladies du système lymphatique.* (*Arch. de méd.* 1835.)

[2] Rayer, *Traité des maladies des reins*, Paris, 1839-1841. — Martin-Solon, *De l'albuminurie*, Paris, 1838.

[3] Becquerel, *Séméiotique des urines*, etc. suivie d'un *Traité de la maladie de Bright aux différents âges*, Paris, 1841.—Thiéry, *De la diathèse séreuse chez les nouvelles accouchées*, thèse, Strasbourg, 1845. — Cahen, *De la néphrite chez les femmes enceintes*, thèse, Paris, 1846.—Stuart-Cooper, *De l'urine des albuminuriques*, thèse, Paris, 1846.—Devilliers et Regnaud, *Recherches sur les hydropisies chez les femmes enceintes.* (*Arch. de méd.* 1848.) — Blot, *De l'albuminurie chez les femmes enceintes*, thèse, Paris, 1849. — Landouzy, *De la*

Nulle part les maladies des organes génitaux, surtout chez la femme, n'ont été étudiés avec autant d'attention et de soin que dans ce pays. Cela s'explique en grande partie par l'usage plus général du speculum[1], et cela démontre une fois encore que plus un moyen d'exploration se vulgarise, plus la pathologie de l'organe exploré se perfectionne; car il y a alors comme un appel incessant à de nouvelles investigations, dans le but de mettre la théorie en harmonie avec les faits pratiques. Quoi qu'il en soit, les maladies utérines (métrite catarrhale ou parenchymateuse, déplacements, dégénérescences, corps fibreux, etc.) ont été étudiées avec une extrême persévérance, et c'est aux médecins de nos hôpitaux qu'on doit la description de ces phlegmasies péri-utérines, de ces pelvi-péritonites, qui dégage tant d'inconnues restées jusque-là sans solution[2].

Nous insisterons moins sur les maladies des organes génitaux de

coexistence de l'amaurose et de la néphrite albumineuse (*Acad. des sciences*, 1849); — même sujet (*Union médicale*, 1850). — LEUDET, *Sur l'oblitération des veines rénales dans quelques maladies du rein* (*Gazette méd. de Paris*, 1852); — *Sur la néphrite albumineuse consécutive à l'albuminurie des femmes grosses* (*Gaz. hebd.* 1854). — BECQUEREL et VERNOIS, *De l'albuminurie et de la maladie de Bright.* (*Monit. des hôpit.* 1856.) — GIGON, *Albuminurie normale chez l'homme et chez les animaux.* (*Académie des sciences*, 1857.) — DE BEAUVAIS, *Note sur le défaut d'élimination de substances odorantes dans la maladie de Bright.* (*Acad. des sciences*, 1858.) — SÉE, *Albuminurie dans la diphthérie.* (*Soc. méd. des hôpitaux*, 1858.) — OLLIVIER, *De l'albuminurie saturnine* (*Arch. de méd.* 1863); — *Essai sur les albuminuries produites par l'élimination des substances toxiques*, thèse de Paris, 1863. — JACCOUD, article ALBUMINURIE du *Nouv. Dict. de méd. et de chir. pratiques*, Paris, 1864. — GUBLER, article ALBUMINURIE du *Dictionn. encyclopéd. de sc. méd.* 1865.

[1] C'est à RÉCAMIER surtout qu'est dû ce résultat.

[2] Mme BOIVIN et DUGÈS, *Traité pratique des maladies de l'utérus et de ses annexes*, Paris, 1833. — RICORD, *Mémoire sur quelques faits observés à l'Hôpital des vénériens.* (*Mém. de l'Acad. de méd.* 1833.) — Marc D'ESPINE, *Rech. analytiques sur quelques points de l'histoire de la leucorrhée.* (*Arch. de méd.* 1836.) — LISFRANC, *Clinique chirurg. de la Pitié*, Paris, 1841-1843. — GOSSELIN, *De la valeur symptomatique des ulcérat. du col utérin.* (*Arch. de méd.* 1843.) — CHOMEL, article UTÉRUS du *Diction. de méd.* 1846. — HERVEZ DE CHÉGOIN, *Quelques déplacements de la matrice.* (*Mém. de l'Acad. de méd.* 1833.) — VELPEAU, *Leçons cliniques sur les maladies de l'utérus*, publiées par M. PAJOT (*Gaz. des hôpitaux*, 1845); — *Discuss. sur les déviations et les engorgements de l'utérus.* (*Bullet. de l'Acad.*

l'homme, ce sujet devant trouver place dans la partie chirurgicale de ce recueil.

Les affections du système nerveux (et ici il ne peut être question que des affections caractérisées par des lésions matérielles évidentes) forment l'une des parties les plus ardues de la pathologie. Pour donner une idée de l'état d'imperfection où se trouvait récemment encore l'anatomie morbide de cet appareil, il nous suffira d'énumérer les grands faits qu'il était réservé à nos contemporains de mettre en lumière, de nommer le ramollissement de la substance cérébrale[1], l'apoplexie capillaire[2], les hémorragies méningées[3], les diverses formes de l'encéphalite[4], et plus particulièrement

de médecine, 1849.) — Valleix, *Modifications apportées au pessaire intra-utérin* (*Bulletin de thérapeutique,* 1850); — *Des déviations utérines,* leçons recueillies par T. Gallard (*Union méd.* 1852). — Viguès, *Tumeurs sanguines de l'excavation pelvienne chez la femme,* thèse, Paris, 1850. — Aran, *Leçons cliniques sur les maladies de l'utérus et ses annexes,* Paris, 1858-1860. — Becquerel, *Traité clinique des maladies de l'utérus,* Paris, 1859. — Bernutz et Goupil, *Clinique médicale sur les maladies des femmes,* Paris, 1860.

[1] Rostan, *Recherches sur le ramollissement du cerveau,* Paris, 1820, 2e édition, 1823. — Durand-Fardel, *Traité du ramollissement du cerveau,* Paris, 1843. — Laborde, *Le ramollissement et la congestion du cerveau,* Paris, 1866. — Prévost et Cotard, *Recherches physiol. et path. sur le ramollissement cérébral.* (*Gazette méd. de Paris,* 1866.)

[2] Cruveilhier, article apoplexie du *Dict. de médec. et de chir. pratiques.* — Diday, *Sur l'apoplexie capill.* (*Gaz. méd.*) Paris, 1837. — Dance, *Observ. sur une forme particulière de l'apoplexie.* (*Arch. de médecine,* 1832.)

[3] Baillarger, *Recherches sur l'encéphale,* thèse, Paris, 1836. — Boudet, *Hémorragies des méninges.* (*Journal des connaiss. méd.-chir.* 1838.) — Parchappe, *Traité théor. et prat. de la folie,* Paris, 1841. — Aubanel, *Des fausses membranes de l'arachnoïde.* (*Ann. méd. psychologiques,* 1843.) — Legendre, *Rech. anatomo-path. sur quelques maladies de l'enfance,* Paris, 1846. — Rilliet et Barthez, *Traité des maladies des enfants,* Paris, 1853, 2e édit. — Prus, *Mém. sur les deux maladies connues sous le nom d'apoplexie méningée.* (*Mémoires de l'Acad. de méd.* 1845.) — Calmeil, article encéphale du *Dict. des sciences méd.* 1835, et *Traité des maladies inflamm. du cerveau,* Paris, 1859. — Cruveilhier, *Anatomie pathologique générale,* t. III, 1856. — Brunet, *Recherches sur les néo-membranes et les kystes de l'arachnoïde,* thèse, Paris, 1859. — Charcot et Vulpian, *Sur les néo-membranes de la dure-mère.* (*Gaz. hebd.* 1860.) — Lancereaux, *Des hémorragies méningées.* (*Arch. de méd.* 1862.)

[4] Lallemand, *Recherches anatomico-pa-*

l'encéphalite périphérique diffuse, justification anatomique enfin trouvée d'une maladie dont les formes multiples et inconstantes semblaient défier la sagacité des médecins.

Les données fournies par le microscope ont été ici d'un grand secours ; elles ont contribué à élucider plusieurs questions relatives aux affections des centres nerveux, aussi bien des centres encéphaliques que de la moelle épinière ; c'est ce qui a eu lieu en particulier pour les lésions spinales désignées sous le nom de *dégénérescences primitives* ou *secondaires* des faisceaux médullaires[1].

Les portions périphériques de l'appareil nerveux n'ont point été négligées, et, parmi les états morbides signalés pour la première fois à notre époque, nous mentionnerons la névrite ou inflammation des cordons nerveux, bien que, à la vérité, ce sujet réclame encore de nouvelles études[2].

Un système organique dont nos devanciers immédiats eux-mêmes connaissaient encore bien imparfaitement les altérations morbides, nous voulons parler du système musculaire, est devenu dans ces dernières années l'objet d'une attention toute spéciale. Les modifications qui surviennent dans le tissu des muscles apparaissaient comme une simple conséquence de celles qui se produisent dans les nerfs moteurs, et se trouvaient ainsi reléguées au second rang : on s'était habitué à ne voir, par exemple, dans l'atrophie musculaire que l'un des effets de la paralysie motrice. Il y avait là une

tholog. sur l'encéphale et ses dépendances, Paris, 1820-1834. — BOUILLAUD, *Traité clinique et physiol. de l'encéphalite*, 1825. — ITARD, *Mém. sur les phlegmasies cérébrales.* (*Mém. de l'Acad. de méd.* 1828.) — CALMEIL, article ENCÉPHALE du *Dictionn. des sciences méd.* 1835 ; — *Des maladies inflammatoires du cerveau*, Paris, 1859.

[1] GUBLER, *Du ramollissement cérébral atrophique envisagé comme lésion consécutive à d'autres affections encéphaliques.* (*Arch. de méd.* 1859.) — CHARCOT et VULPIAN, *Leçons sur la physiologie générale et comparée du système nerveux*, par VULPIAN, Paris, 1866. — CORNIL, *Notes sur les lésions des nerfs et des muscles liées à la contracture des membres dans les hémiplégies.* (*Comptes rendus et Mém. de la Soc. de biologie*, 1863.) — BOUCHARD, *Des dégénérations secondaires de la moelle épinière.* (*Arch. de méd.* 1847.)

[2] BEAU, *De la névralgie et de la névrite.* (*Arch. de méd.* 1847.)

erreur, ou tout au moins une vérité incomplète. Des investigations mieux dirigées ont prouvé que l'altération atrophique (granulo-graisseuse) du tissu charnu se présente avec une indépendance relative des plus remarquables et demande à être étudiée en elle-même. Cette fois encore l'exploration clinique, nous voulons parler surtout de l'examen des muscles à l'aide de l'électricité, aura conduit à une révision de nos connaissances pathologiques. Sous le nom d'*atrophie musculaire progressive*, on a vu surgir en quelque sorte une espèce morbide nouvelle, bien distincte des paralysies proprement dites, dotée d'une symptomatologie à part, affectant une marche caractéristique, et, quant à son origine probable, liée, dans certains cas, à une atrophie des racines antérieures des nerfs rachidiens[1].

Nous l'avons dit, la connaissance des altérations qui se rencontrent dans les solides de l'économie a pour complément nécessaire celle des changements que les fluides organiques éprouvent dans les maladies. On a vu plus haut comment la médecine française a fixé le véritable rôle de l'*hématologie*, et comment celle-ci, désavouant l'héritage compromettant de l'ancien humorisme, est entrée dans une phase nouvelle et plus scientifique. Mais pour déterminer les modifications en plus ou en moins des principes constituants du sang (eau, albumine, fibrine, globules, sels), modifications isolées ou groupées suivant certaines combinaisons, l'intervention de la physico-chimie était indispensable, et rien ne prouve mieux l'utilité de cette *immixtion* — pour parler le langage de ceux qui se disent les défenseurs d'une prétendue tradition médicale — que la grande portée des résultats obtenus dans cette voie. L'abaissement

[1] ARAN, *Recherches sur une maladie non encore décrite du système musculaire, atrophie musculaire progressive.* (*Arch. de méd.* 1850.) — CRUVEILHIER, *Sur la paralysie musculaire progressive atrophique* (*Bulletin de l'Académie de médecine*, 1853); — *Sur la paralysie musculaire atrophique* (*Arch. de méd.* 1856). — DUCHENNE (de Boulogne), *De l'électrisation localisée*, Paris, 1855.

du chiffre des globules sanguins dans l'anémie, la proportion moindre d'albumine dans certaines hydropisies : voilà des faits solidement établis et dont personne ne méconnaîtra la portée. Pendant combien de siècles la question de l'identité ou des différences des inflammations fébriles et des fièvres proprement dites n'a-t-elle pas défrayé les controverses des écoles ! Ces controverses n'ont plus d'objet depuis que nous voyons chacun de ces groupes de maladies marqué d'un signe hématologique spécial : d'un côté, dans les phlegmasies, accroissement du chiffre de la fibrine; de l'autre, dans les fièvres, diminution ou persistance du chiffre normal.

Sans entrer dans de plus longs développements, faisons remarquer, en terminant ce premier paragraphe, combien l'avoir de l'anatomie pathologique s'est trouvé rapidement augmenté par cet ensemble d'acquisitions, combien aussi ont été profondément changés la direction et l'esprit de cette partie de la science. Aujourd'hui que l'utilité des constatations nécroscopiques n'a plus besoin d'être démontrée, des appréciations plus calmes et plus justes succèdent aux idées exclusives qui s'étaient produites tout d'abord. Ceux-là se trompaient, sans doute, qui voyaient dans la lésion organique le seul élément essentiel de la maladie, et pour lesquels, conséquemment, l'organo-pathologie était équivalente à la médecine même. Non que ces hommes éminents n'aient bien mérité de la science en insistant, jusqu'à l'exagération, sur la valeur de l'état anatomique et sur la variabilité du symptôme : il y aurait ingratitude à méconnaître les services qu'ils ont rendus. Seulement la question ne peut plus désormais être posée dans les mêmes termes. La lésion anatomique pour les médecins de nos jours est l'un des événements que suscite dans l'organisme l'impression de la cause morbifique; elle est cela et rien de plus. Si le symptôme ne fait que la suivre, elle est à son tour précédée par d'autres faits de l'ordre fonctionnel. Or il nous faut, de toute nécessité, embrasser dans son ensemble, sans en rien écarter de réel, sans y rien ajouter d'hypothétique, l'évolution entière des phénomènes qui se déroulent, apparents ou cachés, depuis le début de la maladie jusqu'à sa terminaison. De sorte qu'à bien prendre, aucune limite précise ne sépare plus l'anatomie de la physiologie morbide. Qu'est, en effet, l'état anatomique, en pathologie interne, sinon la conséquence d'une perturbation physiologique? Et cette perturbation, comment aurait-elle eu lieu sans une modification de la substance vivante? Toute opposition cesse, dès lors, d'exister entre un prétendu anatomisme et un prétendu physiologisme pathologique; l'anatomie et la physiologie morbide expriment le même fait, envisagé seulement sous deux faces différentes, et, loin de se combattre, elles se servent au contraire de complément réciproque, n'étant autre chose que la statique et la dynamique de l'organisme malade.

PHYSIOLOGIE PATHOLOGIQUE.

Les progrès de la physiologie pathologique se sont opérés en plusieurs directions. D'une part, des symptômes nouveaux ont été signalés qui permettent de reconnaître plus sûrement les maladies, et d'autre part les symptômes déjà connus ont reçu une interprétation plus rationnelle, quant aux rapports qui les lient entre eux ou avec l'état anatomique correspondant.

De là, comme premier résultat, le nombre de moins en moins considérable des maladies dites *latentes*. Sans doute, il en est encore qui échappent à l'observation, malgré leur gravité et en dépit de l'exploration la plus attentive. Mais ce sont là des exceptions qui deviennent rares, et, chose digne de remarque, alors même qu'aucune souffrance n'avertit d'abord le malade de la lésion qu'il porte en lui, souvent il arrive que le médecin est amené par la constatation des signes physiques à rechercher le trouble fonctionnel, et qu'il finit par le découvrir. Nos cliniques offrent journellement, à cet égard, les exemples les plus instructifs.

Bien que les phénomènes révélés par l'examen physique des organes soient, à proprement dire, la grande conquête de la séméiologie moderne, il y a cependant lieu de mentionner aussi bon nombre d'observations intéressantes dans le domaine des faits physiologiques. Nous allons rapidement énumérer les uns et les autres, en adoptant l'ordre même que nous avons suivi tout à l'heure dans l'exposé de l'anatomie pathologique.

Les troubles fonctionnels qui trahissent une souffrance de l'appareil digestif ont eu de tout temps le privilége de fixer l'attention des cliniciens; mais il s'en faut que l'analyse ait suffisamment élucidé jusqu'à présent ce qui appartient à une action chimique défectueuse des sucs digestifs sur l'aliment, et ce qui résulte d'un changement dans la sensibilité ou la contractilité des réservoirs destinés à l'élaborer. Au moins faut-il tenir compte des tentatives faites dans ces dernières années pour remplacer la notion vague de *dyspepsie* [1] par la connaissance des déviations que la maladie imprime aux actes chimiques et vitaux de la digestion, et par l'étude des perturbations secondaires qui en sont la conséquence. La physiologie normale de la digestion, mieux connue, rend au moins abordables ces importants problèmes et permet d'en entrevoir la solution. D'un autre côté, et en attendant qu'une lumière plus complète se fasse, les désordres des fonctions digestives sont en eux-mêmes l'objet d'études incessamment suivies. On n'en méconnaît plus la fréquence et la valeur, comme on le faisait aux premiers jours de la réaction qui succéda au règne éphémère de la gastro-entérite. Les symptômes extrêmement multipliés qui servaient autrefois à reconnaître les phlegmasies des organes digestifs sont avec plus de vérité

[1] Chomel, *Des dyspepsies*, Paris, 1857. — Nonat, *Traité des dyspepsies*, Paris, 1862. — Beau, *Traité de la dyspepsie* (ouvrage posthume publié par le docteur Hédouin), Paris, 1866. — Hérard, *Applications pratiques des découvertes physiologiques les plus récentes concernant la digestion et l'absorption*, thèse pour l'agrégation, Paris, 1853. — L. Corvisart, *Dyspepsie et consomption; ressources que la poudre nutrimentive (pepsine acidifiée) offre, dans ces cas, à la médecine pratique;* Paris, 1854; — *Collection de mémoires sur une fonction peu connue du pancréas, la digestion des aliments azotés*, Paris, 1857-1863.

rattachés à des modifications non inflammatoires de l'estomac et des intestins, et la pratique n'a pas peu gagné à cette substitution de la gastralgie à la gastrite [1]. Mais, en même temps, la dernière de ces maladies, moins complaisamment généralisée, a été beaucoup mieux décrite, et les mémoires sur l'ulcère chronique [2] nous ont appris à la distinguer du cancer stomacal par un examen comparatif des symptômes (douleur, hémorragie, vomissement, etc.) mis en regard de la durée respective des deux affections et de leur marche différente.

Les obstacles assez nombreux qui peuvent entraver le cours du contenu intestinal et les accidents qui résultent de cet arrêt ont été de même soumis à une analyse approfondie, qui permet de remonter avec moins d'incertitude des symptômes à la lésion qui les produit [3].

Quant aux organes respiratoires et circulatoires, la découverte de la *stéthoscopie*, en dotant pour ainsi dire le médecin d'un sens nouveau, lui a révélé une infinité de phénomènes dont il ignorait jusqu'à l'existence.

A quoi se réduisait, pour nos devanciers, la séméiotique des affections pulmonaires, bronchiques ou pleurales? A quelques nuances de l'état général, à la douleur, à la gêne de la respiration, à l'expectoration. Pour nous, la percussion, l'auscultation et quelques autres moyens d'exploration accessoires ont rendu la poitrine comme translucide, tant les signes physiques dont la recherche nous est familière traduisent fidèlement l'état des organes, tant les troubles fonctionnels eux-mêmes sont avec ces signes physiques en corrélation étroite et presque constante. Faut-il énumérer tous les symptômes

[1] BARRAS, *Traité des gastralgies et des entéralgies*, Paris, 1839-1844.

[2] CRUVEILHIER, *De l'ulcère chronique de l'estomac*. (*Archives de médecine*, mémoire cité.)

[3] PARISE, *Mécanisme de l'étranglement interne produit par un nœud diverticulaire*. (*Gazette des hôpitaux*, 1851.) — BESNIER, *Des étranglements internes de l'intestin*, Paris, 1860.

qui sont venus successivement grossir la liste de ceux que l'on connaissait déjà : changement dans le mode de la respiration, suivant qu'elle s'opère par l'action des inspirateurs ordinaires ou extraordinaires, avec ou sans le concours du diaphragme; — durée relative de l'inspiration et de l'expiration; — variation dans la capacité et la forme du thorax; — excès ou diminution de la sonorité; — modification des bruits normaux que produit le passage de l'air; — bruits insolites qui s'y ajoutent ou les remplacent, quand la perméabilité de l'appareil respiratoire est altérée dans telle ou telle partie de son étendue, quand des liquides s'y sécrètent ou s'y épanchent, quand des perforations s'établissent entre les bronches et la plèvre, etc.? Il est peu de parties de la pathologie qui aient subi un renouvellement aussi complet; il en est peu aussi dont les progrès aient moins emprunté aux travaux des savants étrangers[1].

Si les recherches relatives aux maladies du thorax remontent, quant à leur début, au delà de la période dont nous nous occupons; en revanche, c'est dans ces dernières années que les maladies du larynx ont été soumises pour la première fois à de sérieuses

[1] LAENNEC, *Traité de l'auscultation médiate*, 4ᵉ édit. par ANDRAL, Paris, 1837. — PIORRY, *Traité de la percussion médiate*, Paris, 1828; — *Traité de médecine pratique* (*op. cit.*); — *Traité du plessimétrisme*, 1866. — RACIBORSKI, *Nouveau manuel complet d'auscultation et de percussion, ou application de l'acoustique au diagnostic des maladies*, Paris, 1835. — FOURNET, *Recherches cliniques sur l'auscultation des organes respiratoires*, Paris, 1839. — ARAN, traduction annotée de la 4ᵉ édition du *Traité de l'auscultation* du professeur SKODA, Paris, 1854. — BARTH et ROGER, *Traité pratique d'auscultation et de percussion*, Paris, 1841; 6ᵉ édit. Paris, 1865. — ANDRY, *Manuel pratique de percussion et d'auscultation*, Paris, 1845. — BEAU, *Traité expérimental et clinique d'auscultation appliquée à l'étude des maladies du poumon et du cœur*, Paris, 1856. — CASTELNAU, *Du tintement métallique*. (*Arch. de médecine.*) — COLIN, *Études cliniques de médecine militaire, observations et remarques spécialement sur la phthisie aiguë*, Paris, 1864. — WOILLEZ, *Recherches pratiques sur l'inspection et la mensuration de la poitrine*, Paris, 1838; — *Études sur les bruits de percussion thoracique* (*Arch. de méd.* 1855); — *Nouvelles études sur les bruits de percussion thoracique* (*Arch. de médecine*, 1856); — *Recherches cliniques sur l'emploi d'un nouveau procédé de mensuration dans la pleurésie* (*Recueil de la Soc. méd. d'observation*, 1857).

investigations. La *laryngoscopie*[1], importée en France, y est devenue usuelle, et, par suite de la règle constante qui subordonne l'avancement de la pathologie au perfectionnement des moyens d'exploration, nous voyons les signes des affections laryngées se préciser de plus en plus; l'aphonie, entité artificielle, se décomposer en autant d'états variés qu'il y en a dont l'altération ou l'extinction de la voix peut être la conséquence; les paralysies glottiques rapportées à leurs causes véritables; en un mot des symptômes moins confus et des lésions mieux constatées.

Le progrès n'a pas été moindre pour l'appareil circulatoire que pour les voies aériennes, et le *Traité de l'auscultation* a eu pour digne continuation le *Traité des maladies du cœur*. Ce dernier ouvrage, outre la découverte de l'endocardite dont il a été question plus haut, renferme les données les plus précieuses sur l'anatomie et la physiologie morbide des affections aiguës et chroniques du cœur et des gros vaisseaux. Telle est la rigueur avec laquelle tous les changements du rhythme cardiaque, toutes les modifications des bruits du cœur, y sont commentés, qu'on arrive sans peine aujourd'hui à reconnaître le rétrécissement des orifices, l'inocclusion des valvules destinées à les fermer, le reflux du sang, la distension anomale des cavités, les altérations des parois, etc.[2] Autrefois, si l'on

[1] Czermak, *Du laryngoscope et de son emploi en physiologie et en médecine*, édition française publiée avec le concours de l'auteur, Paris, 1860. — Turck, *Méthode pratique de laryngoscopie*, édition française publiée avec le concours de l'auteur, Paris, 1861. — Moura-Bourouillou, *Cours complet de laryngoscopie*, Paris, 1861. — Fournier, *Physiologie de la voix et de la parole*, Paris, 1866. — Potain, *Anévrisme de l'aorte pectorale diagnostiqué à l'aide de l'examen laryngoscopique.* (*Bull. de la Société méd. des hôpitaux*, 1865.)

[2] Bouillaud, *Traité clinique des maladies du cœur*, Paris, 1841. — Forget, *Précis théorique et pratique des maladies du cœur, des vaisseaux et du sang*, Strasbourg, 1861. — Gendrin, *Leçons sur les maladies du cœur et des grosses artères*, Paris, 1841-1842. — Bizot, *Recherches sur le cœur et le système artériel.* (*Mém. de la Soc. méd. d'observation*, t. I.) — Larcher, *De l'hypertrophie normale du cœur pendant la grossesse et de son importance pathogénique.* (*Archives de médecine*, 1858.)

reconnaissait les maladies du cœur, c'était à quelques indices vagues, indirects ou banals, tels que la gêne de la circulation veineuse, l'hydropisie, les modifications du pouls. Loin de négliger ces signes, la science contemporaine les recueille et les interprète avec un soin particulier. Parmi tant de phénomènes qui se confondent et se mêlent, elle sait faire la part de ce qui relève de la lésion cardiaque elle-même, et de ce que la contraction insuffisante ou irrégulière du cœur entraîne à sa suite, comme conséquence éloignée de cette lésion[1]. Mais, pour mener à bien ces études, il fallait un champ défriché par plus d'une découverte de physiologie et de pathologie; il fallait, avant tout, ce qu'on possède depuis peu et ce qui a failli être remis en question, une théorie solidement établie des mouvements et des bruits du cœur à l'état physiologique.

A l'égard des modifications du pouls, leur étude scientifique a singulièrement gagné à l'invention du *sphygmographe*[2], appareil enregistreur d'une précision merveilleuse, hors de toute comparaison avec l'exploration tactile, dont les résultats sont souvent incertains ou trompeurs, comme tout ce qui varie suivant la finesse du sens individuel. Avec cet instrument, le plus ou moins de vigueur et de régularité des contractions cardiaques, l'excès ou le défaut de tension artérielle et capillaire, nous sont directement révélés, et l'appareil circulatoire autographie, pour ainsi dire, sous nos yeux tout ce qui se passe en lui d'anomal.

Si c'était le lieu de le faire, nous pourrions montrer aussi à quel point la pathologie de l'appareil circulatoire en a éclairé la physiologie; combien l'étude de la fonction altérée a fait avancer celle de la fonction saine. Le *sphygmographe* et le *cardiographe*, autre instrument enregisteur dû au même inventeur, ont rendu à cet égard des services qu'il serait injuste d'oublier. Tout récemment encore, à l'aide de patientes recherches, on a pu faire ren-

[1] Beau, *De l'asystolie* (*Traité d'auscultation*, Paris, 1856).

[2] Marey, *Physiologie médicale de la circulation du sang*, Paris, 1863.

trer en grande partie un phénomène réputé morbide, le dédoublement des bruits du cœur, dans l'ordre des phénomènes normaux, et déterminer les conditions qui en favorisent l'apparition[1].

Pour ce qui est des organes urinaires (et ici nous parlons seulement du rein, le reste étant presque entièrement du domaine de la chirurgie), les maladies y sont accusées moins encore par des signes directs que par les changements du produit de sécrétion. C'est ce qui explique l'importance accordée à l'examen de l'urine, examen auquel on doit de connaître un grand nombre de faits intéressants et inattendus. Nous ne ferons que signaler l'albuminurie persistante, indice d'une dégénérescence rénale dont la nature n'est pas complétement élucidée et qui peut-être n'est pas toujours semblable à elle-même. Mais, en dehors de cette grave maladie, il est bien des circonstances où le rein devient le siége d'une simple congestion ou d'une desquammation passagère des tubes urinifères, attestée par l'apparition dans l'urine de principes coagulables. Puis, enfin, s'il importe de placer les modifications de ce liquide en regard de celles de la glande qui le sécrète, il ne faut pas perdre de vue que sa composition varie également suivant l'état de la nutrition générale. A ce point de vue, comme l'un des produits ultimes du mouvement de décomposition des tissus, l'urine fournit au médecin des notions importantes sur l'activité des combustions intra-organiques : la présence et les proportions de l'urée, de l'acide urique libre ou combiné, de la glycose, etc., le renseignent sur le degré plus ou moins avancé des oxydations qui s'opèrent dans la profondeur de l'économie[2].

[1] Potain, *Note sur les dédoublements normaux des bruits du cœur.* (*Bull. de la Soc. méd. des hôpitaux,* 1866.)

[2] A. Becquerel, *Séméiotique des urines,* Paris, 1841. — Gallois, *De l'oxalate de chaux dans les sédiments de l'urine, dans la gravelle et les calculs,* Paris, 1859; — *De l'inosurie,* Paris, 1864. — Ollivier et Bergeron, traduction annotée de la 2e édition de l'ouvrage de Beale, *De l'urine, des dépôts urinaires, des calculs,* etc. Paris, 1865. — Gubler, article ALBUMINURIE du *Dictionnaire encyclopédique*, 1865.

Les variations de la chaleur animale, quoique circonscrites dans d'assez étroites limites, fournissent des signes d'une haute valeur, et le thermomètre, employé pour mesurer l'élévation ou l'abaissement de la température, a livré aux cliniciens plus d'un résultat remarquable. Ils ont appris que, dans les maladies fébriles, la calorification s'exagère; — qu'elle diminue dans l'algidité; — que, malgré le refroidissement apparent dans le stade de frisson des fièvres, il y a souvent, à ce moment même, une élévation réelle de température; — que des oscillations diurnes, presque constantes, se produisent dans le cours des maladies aiguës; que la ligne exprimant ces oscillations tombe brusquement au moment où la solution critique approche, etc.[1] A ces données, dont les principales avaient été recueillies ici avant les travaux des médecins étrangers, viendront certainement s'en ajouter d'autres, quand les médecins se seront fait une habitude de ce mode utile d'exploration.

S'il est un appareil organique dont la structure, les fonctions et les maladies aient été, de la part des médecins de notre époque, l'objet d'une véritable prédilection, c'est assurément le système nerveux. Et cela n'a rien qui doive surprendre, quand on considère l'admirable organisation de cet appareil, l'importance des actes vitaux qui s'accomplissent en lui ou avec son concours, le rôle immense qu'il joue dans la production des maladies ou dans leurs manifestations fonctionnelles. Aussi le nombre des recherches auxquelles la physiologie pathologique du système nerveux a donné lieu depuis un quart de siècle est-il considérable et dépasse-t-il

[1] Gavarret, *Recherches sur la température du corps humain dans les fièvres intermittentes* (journal *l'Expérience*, 1839); — *De la chaleur produite par les êtres vivants*, Paris, 1855. — Roger, *Sur la température chez les enfants, à l'état physiologique et pathologique*, Paris, 1844-1845. — Maurice, *Des modifications morbides de la température dans les affections fébriles*, thèse, Paris, 1855. — Charcot, *Sur la température du rectum dans le choléra* (*Gazette médicale*, 1866); — *Leçons sur les maladies de la vieillesse*, Paris, 1867.

sans contredit celui de tous les travaux, pris dans leur ensemble, que nos prédécesseurs nous ont légués sur le même sujet. On semble avoir hâte de faire cesser un des plus grands *desiderata* de la biologie; et plus les problèmes se présentent ardus et complexes, plus l'analyse se fait pénétrante et sévère pour les résoudre. C'est qu'on sait bien que là sont les inconnues les plus essentielles à dégager, les notions fondamentales et directrices à acquérir, les plus élémentaires à la fois et les plus élevées. De là l'effort et l'émulation des intelligences associées en un labeur commun; de là cette curiosité ardente qui remue jusqu'à des profondeurs inconnues l'anatomie et la physiologie normale du système nerveux, pour y chercher l'explication des phénomènes morbides. Parmi les faits nouveaux qui ont été découverts et que nous devons nous borner à mentionner brièvement, il y a lieu d'établir un premier classement, suivant qu'ils appartiennent à la pathologie du système cérébro-spinal, centres et expansions périphériques (*système nerveux de la vie de relation*), ou à la pathologie du système ganglionnaire (*système nerveux de la vie végétative*).

Pour l'encéphale, l'observation médicale, presque entièrement réduite à ses propres ressources, ne trouve qu'un appui faible et chancelant dans la physiologie encore si imparfaite de cet organe. Du moins s'est-elle efforcée de soumettre tous les troubles des fonctions encéphaliques à une étude exacte jusqu'à la minutie, et, par un de ces retours dont les exemples ne sont pas rares dans les sciences biologiques, il est arrivé que la physiologie elle-même a tiré de la pathologie ses lumières les moins douteuses. La distinction des centres nerveux intracraniens en ceux auxquels sont dévolus les actes de l'intelligence, ou les impulsions motrices, ou les perceptions sensitives; cette distinction capitale s'étaye plus encore des preuves que la clinique administre que de celles fournies par la physiologie expérimentale. Et, au surplus, que fait l'expérimentation, sinon imiter, par des procédés plus expéditifs mais non toujours avec une netteté supérieure, l'œuvre que la maladie accomplit spontanément dans nos organes? En attendant le jour, et ce jour est sans doute encore éloigné, où une exacte corrélation pourra être établie entre l'action du cerveau sain et celle du cerveau à l'état morbide, le rôle du pathologiste est tout tracé : à lui de recueillir les faits, de les envisager en eux-mêmes et dans leurs rapports réciproques; il se contentera provisoirement de les mettre en regard des modifications de texture, quand il s'en présente d'appréciables, ou, si ces modifications lui échappent, il notera les causes qui de plus loin et moins directement président aux manifestations symptomatiques.

Dans cette voie, la seule praticable souvent, nous rencontrons d'abord tous les travaux relatifs aux maladies mentales[1]. Les méde-

[1] Esquirol, *Les maladies mentales*, Paris, 1839. —Lélut, *Du démon de Socrate*, 1836; 2e édit. 1856; — *L'amulette de Pascal*, 1846. — Broussais, *De l'irritation et de la folie*, 2e édit. 1839. — Falret, *De l'hypocondrie et du suicide*, Paris, 1822; — *Leçons cliniques de médecine mentale*, Paris, 1851; — *Des maladies mentales et des asiles d'aliénés*, 1864. — F. Leuret, *Fragments psychologiques sur la folie*, Paris, 1840. — Marc, *De la folie considérée dans ses rapports avec les questions médico-judiciaires*, Paris, 1840. — Calmeil, *De la folie considérée sous le point de vue pathologique, philosophique, historique et judiciaire*, Paris, 1845. — Cerise, *Des fonctions et des maladies nerveuses*, Paris, 1842. — Ferrus, *Des aliénés ou considérations sur l'état des maisons qui leur sont destinées*, Paris, 1834; — *Des prisonniers, de l'emprisonnement et des prisons*, 1850. — Parchappe, *Recherches sur l'encéphale*, Paris, 1838; — *Recherches statistiques sur les causes de l'aliénation mentale*, Paris, 1849; — *Du siége commun de l'intelligence, de la volonté et de la sensibilité.* (*Union médicale*, 1856.) — Brierre de Boismont, *Des hallucinations*, Paris, 1845; 3e édit. 1861; — *Du suicide et de la folie-suicide*, Paris, 1849. — Baillarger, *Recherches statistiques sur l'hérédité de la folie*, Paris, 1843; — *Des hallucinations, des causes qui les produisent*, etc. (*Mém. de l'Acad. de médecine*, 1846); — *Recherches sur l'anatomie, la physiologie et la pathologie du système nerveux*, Paris, 1847. — Moreau (de Tours), *Du hachich et de l'aliénation mentale*, Paris, 1845; — *Psychologie morbide dans ses rapports avec la philosophie de l'histoire*, Paris, 1859. — Michéa, *Du délire des sensations*, Paris, 1846. — B. A. Morel, *Études cliniques sur l'aliénation mentale*, Paris, 1851; — *Traité des dégénérescences physiques, intellectuelles et morales*, avec *Atlas*, Paris, 1857; — *Traité des maladies mentales*, 1860. — Marcé, *Traité de la folie des femmes enceintes et des nouvelles accouchées*, Paris, 1858; — *Traité pratique des maladies mentales*, 1862. — Dagonet, *Traité élément. et pratique des maladies mentales*, Paris, 1862. — Delasiauve, *Du diagnostic différentiel du delirium tremens*, Paris, 1852; — *Des pseudo-mono-*

cins à qui nous les devons nous ont fait pénétrer plus avant dans la connaissance des différentes espèces et variétés de délires; tous les dérangements de la pensée, toutes les déviations des penchants, ont été enregistrés avec soin ; l'histoire des monomanies, si attachante par elle-même et qui soulève tant de graves questions médico-légales, s'est étendue et transformée par une suite de travaux dont la justice a tiré profit autant que la science elle-même. Pour ne parler que du point de vue scientifique, la réduction des troubles intellectuels à un certain nombre de types tranchés, plus vrais, mieux motivés que ceux dont se contentaient les classifications anciennes, a grandement servi à la fois la pathologie pure et la pathologie appliquée. Nous devons ajouter que les maladies mentales, à mesure qu'on approfondit davantage leur étude, perdent de plus en plus leur caractère d'étrangeté ou de spécialité; elles se fondent par degrés dans les affections nerveuses communes, et le lien qui rattache les altérations des facultés intellectuelles et affectives à celles que subissent la motricité ou la sensibilité apparaît avec une évidence croissante.

Cependant ce parallélisme des activités nerveuses n'implique pas leur confusion. Loin de là, s'il est en pathologie nerveuse un principe auquel les médecins se rallient presque unanimement, c'est celui des *localisations fonctionnelles*, principe qui a pour complément et, s'il est permis de s'exprimer ainsi, pour antagoniste harmonique celui de la solidarité d'action. La localisation fonctionnelle est acceptée sans conteste pour les nerfs cérébro-rachidiens, dont les uns sont doués de motricité, les autres de sensibilité, et que lie entre eux un incessant échange d'incitations. La localisation est également admise pour les éléments nerveux sensitifs et moteurs de la moelle épinière, quelles que soient d'ailleurs les opinions divergentes touchant la répartition de ces éléments dans tel ou tel faisceau ra-

manies ou folies partielles diffuses, Paris, 1859. — Rédacteur en chef du recueil intitulé : *Journal de médecine mentale*, Paris, 1861-1867. — *Annales médico-psychologiques*, rédigées par MM. Baillarger, Cerise, Longet, Paris, 1843-1867.

chidien. Quant à l'encéphale, on s'accorde encore à y reconnaître divers centres contigus et même continus, mais sans préjudice de leur indépendance relative. Substance blanche et substance grise, circonvolutions cérébrales et ganglions cérébraux, cerveau proprement dit et cervelet, — nul ne songerait à identifier ces parties constituantes de l'encéphale au point de vue de leurs attributions, à tout confondre sous prétexte de sauvegarder une unité qui n'est pas menacée. Mais l'accord cesse quand il s'agit d'assigner le rôle particulier à chacune de ces portions d'organe, et cela en raison des faits complexes qui abondent en pathologie cérébrale, et dont le témoignage équivoque peut être cité à l'appui des hypothèses les plus opposées. Veut-on aller plus loin encore, et, subdivisant l'une des portions d'encéphale dont nous parlions tout à l'heure, soit par exemple les circonvolutions cérébrales, cherche-t-on à y circonscrire des compartiments spéciaux affectés à des actes fonctionnels distincts; c'est alors une véritable opposition qu'on rencontre. Au nom de l'indivisibilité de l'intelligence, des protestations s'élèvent contre les conséquences et même contre le principe des localisations, et l'échec encore récent de la cranioscopie est cité comme une preuve décisive de leur inanité. Cependant les pathologistes, sans se laisser décourager par un exemple qui ne contient qu'un avertissement, persévèrent dans la recherche des vérités dont quelques-unes sont irrévocablement établies et d'autres en voie de démonstration. Il y a quelques années, un professeur illustre de l'école de Paris indiquait les lobes antérieurs du cerveau comme l'organe où siége le sens du langage articulé (ou *l'âme de la parole*). Tout dernièrement un autre infatigable chercheur a essayé de préciser davantage : selon lui, ce siége doit être placé dans la troisième circonvolution du lobe frontal. Des faits cliniques, déjà nombreux, donnent à cette localisation, sinon une certitude absolue, du moins un haut degré de vraisemblance[1].

[1] Bouillaud, *Recherches cliniques propres à démontrer que la perte de la parole correspond à la lésion des lobules antérieurs du cerveau* (*Arch. de méd.* 1825); — *Traité*

Passant aux altérations de la sensibilité, nous enregistrerons en premier lieu les importantes publications qui traitent de l'augmentation morbide de cette propriété dans les nerfs cérébro-spinaux. Les affections douloureuses de ces nerfs fournissent de fréquentes occasions d'observer l'hyperesthésie sous ses différents modes, et, dans cet ordre d'affections, plusieurs espèces nouvelles ont été signalées (notamment les névralgies intercostale et lombo-abdominale), en même temps que les espèces anciennes ont été soumises à une révision générale. Dans le *Traité des névralgies*[1] se trouvent, en outre, déterminés pour la première fois les points douloureux fixes, c'est-à-dire les foyers situés sur différents points, toujours les mêmes, du trajet d'un nerf sensitif, soit au niveau des sinuosités qu'il décrit, soit à l'émergence des rameaux qu'il émet sur son parcours.

L'altération en moins, ou perte de la sensibilité (*anesthésie*), occupait autrefois un rang bien humble en pathologie. On y croyait un peu, on ne la constatait presque jamais. Des recherches sur l'empoisonnement par le plomb, sur l'hystérie ou d'autres états

de l'encéphalite, 1825; — *Recherches expérimentales sur les fonctions du cerveau* (*Journal hebd. de méd.* 1830); — *Exposition de nouveaux faits à l'appui de l'opinion qui localise dans les lobes antérieurs le principe législateur de la parole* (*Bull. de l'Acad. de méd.* 1839); — *Recherches cliniques propres à démontrer que le sens du langage articulé et le principe coordonnateur des mouvements de la parole résident dans les lobes antérieurs du cerveau* (*Bull. de l'Acad. de méd.* 1848); — *Leçons sur les troubles de la parole.* (*Gazette des hôpitaux*, 1865.) — P. Broca, *Sur le siége de la faculté du langage articulé.* (*Bull. de la Soc. anatom.* 1861.) — M. Dax, *Lésions de la moitié gauche de l'encéphale coïncidant avec l'oubli des signes de la pensée.* (Mém. lu au congrès médical de Montpellier, 1836; reproduit dans la *Gaz. hebdom.* 1865.) — G. Dax (fils), *Mémoire sur les lésions de la parole.* (*Gaz. hebd.* 1865.) — Trousseau, *Leçons cliniques sur l'aphasie.* (*Gaz. des hôpitaux*, 1864.) — M. Peter, *De l'aphasie d'après les leçons du professeur Trousseau.* (*Gaz. hebdom.* 1864.) — Jaccoud, *De l'alalie et de ses diverses formes.* (*Gaz. hebdom.* 1864.) — Luys, *Recherches sur le système nerveux cérébro-spinal*, Paris, 1865 (*Faculté du langage articulé*). Voir en outre sur ce sujet les communications de MM. Bouillaud, Trousseau, Parchappe, Baillarger, Bonnafont, Cerise, etc. dans le *Bulletin de l'Acad. de méd.* 1865.

[1] Valleix, *Traité des névralgies ou affections douloureuses des nerfs*, Paris, 1841.

morbides, ont d'abord démontré la fréquence de ce phénomène; puis on en est venu à distinguer les différents modes qu'il peut présenter, suivant que l'altération atteint isolément le sens de la température, le sens de la douleur (*analgésie*), le sens tactile (*anesthésie proprement dite*), ou encore la sensibilité musculaire et articulaire[1] : nouvel exemple du mutuel appui que se prêtent la physiologie normale et morbide.

Les altérations que la motilité peut, à son tour éprouver dans les maladies, tantôt accrue jusqu'à la convulsion, tantôt diminuée jusqu'à la paralysie, suggèrent des réflexions analogues. Ici encore n'a-t-il pas fallu que l'étude des organes à l'état sain précédât celle de leurs altérations? Et, réciproquement, la connaissance des maladies paralytiques ou convulsives n'a-t-elle pas conduit à rectifier en plus d'un point les opinions reçues en physiologie? Quiconque prendra la peine de comparer l'état de la science à l'égard de ces maladies, tel qu'il est représenté dans les ouvrages datant d'il y a vingt ans et tel que l'exposent les livres d'aujourd'hui, sera frappé de l'intervalle qui a été franchi dans un si court espace de temps. Et ce qui n'est pas moins visible, c'est l'empreinte que les travaux des physiologistes français ont laissée en cette partie de la médecine. Que serait en effet la pathologie nerveuse sans la notion définitivement acquise, grâce à ces savants, des propriétés diffé-

[1] BELFIED-LEFEBVRE, *Recherches sur la nature, la distribution et l'organe du sens tactile*, thèse, Paris, 1837. — P. N. GERDY, *Des sensations et de l'intelligence*, Paris, 1846. — GENDRIN, *Lettre* [sur l'hystérie] *adressée à l'Académie de médecine*. (*Bulletin de l'Acad. de méd.* 1845-1846.) — HENROT, *De l'anesthésie et de l'hyperesthésie hystérique*, thèse, Paris, 1848. — BEAU, *Recherches cliniques sur l'anesthésie*. (*Archives de méd.* 1848.) — DELACOUR, *De l'analgésie*, thèse, Paris, 1849. — BROWN-SEQUARD, *Recherches sur un moyen de mesurer l'anesthésie et l'hyperesthésie*. (*Comptes rendus de la Société de biologie*, 1849.) — O. LANDRY, *Recherches physiologiques et pathologiques sur les sensations tactiles* (*Archives de méd.* 1852); — *Traité complet des paralysies*, Paris, 1859. — VULPIAN et BASTIEN, *Mém. sur les effets de la compression des nerfs*. (*Comptes rendus de l'Acad. des sciences*, 1855.) Voyez aussi les travaux concernant l'*ataxie locomotrice*.

rentes que l'on constate dans les nerfs ou dans les racines rachidiennes antérieures et postérieures; — sans les expérimentations ingénieuses qui ont amené à fixer le rôle de chacun des nerfs craniens et à mettre en harmonie les faits physiologiques et les observations cliniques; — sans les recherches d'un homme, de qui, entre tant de découvertes écloses en foule sous sa main, il suffira de citer celle qui concerne le grand sympathique; — sans l'immense labeur d'un autre encore qui a attaché son nom à la réfutation d'une théorie ingénieuse mais erronée, et à qui nous devons la première analyse physiologique des attaques convulsives[1]? — Nul doute que l'union de la physiologie et de la pathologie ne continue à être féconde pour cette partie des connaissances médicales : tant de résultats acquis en si peu d'années en garantissent de plus considérables encore dans l'avenir.

Pour nous confirmer dans cette espérance, nous n'avons qu'à envisager, après l'histoire des maladies convulsives, celle des paralysies, naguère encore si indigente dans sa symptomatologie comme dans sa pathogénie. Combien elle a changé depuis que l'exploration électrique des muscles nous montre ces organes réagissant diffé-

[1] MAGENDIE, *Expériences sur les fonctions des nerfs rachidiens* (*Journal de physiologie*, 1822); — *Note sur le siége du sentiment et du mouvement dans la moelle épinière* (*Journal de physiol.* 1823); — *Leçons sur les fonctions et les maladies du système nerveux*, Paris 1839. — Sur la question de priorité des travaux de MAGENDIE relatifs à la distinction, attribuée à Ch. BELL, entre les nerfs sensitifs et moteurs, voyez : VULPIAN, *Leçons sur la physiologie du système nerveux*, Paris, 1865; — LONGET, *Recherches expérimentales et pathologiques sur les fonctions des faisceaux de la moelle épinière* (*Arch. de méd.* 1841); — *Anatomie et physiologie du système nerveux de l'homme et des animaux vertébrés*, Paris, 1842; — *Traité de physiologie*, Paris, 1861; 2ᵉ édit. 1865; — Cl. BERNARD, *Leçons sur la physiologie et la pathologie du système nerveux*, Paris, 1858; — BROWN-SEQUARD, *Recherches et expériences sur la physiologie de la moelle épinière*, thèse, Paris, 1846; — *Recherches expérimentales sur les voies de transmission des impressions sensitives* (*Gaz. médicale*, 1856); — *Recherches expérimentales sur la production d'une affection convulsive épileptiforme, à la suite des lésions de la moelle épinière* (*Arch. de méd.* 1856); — *Nouvelles recherches sur la physiologie de la moelle épinière.* (*Journal de physiologie*, 1858.)

remment suivant que leur tissu est altéré ou qu'il demeure intact, tout en désobéissant à l'incitation nerveuse; — depuis qu'avec leur défaut de contraction volontaire nous avons appris à constater la persistance ou l'abolition de leur contractilité sous l'influence du stimulant électrique! Non-seulement, pour chaque muscle, nous connaissons les symptômes particuliers accusant l'absence du concours actif que prêtent ses fibres à la production de tel ou tel mouvement complexe; mais encore de son inaction morbide nous discernons la cause ou périphérique ou centrale, ou cérébrale ou rachidienne.

Nous ne quitterons pas les affections du système cérébro-spinal, sans indiquer encore les *hémiplégies alternes*, c'est-à-dire occupant les côtés opposés de la face et du reste du corps, signe précieux pour le diagnostic des altérations qui envahissent la protubérance annulaire[1]; — la distinction entre la paralysie véritable et la désharmonie des actes musculaires qui la simule fréquemment[2]; — et enfin les travaux sur l'ensemble des maladies sans lésion apparente, ou névroses[3].

[1] MILLARD, *Remarques sur un cas d'hémorragie de la protubérance annulaire.* (*Bull. de la Soc. anat.* 1855.) — GUBLER, *De l'hémiplégie alterne envisagée comme signe des lésions de la protubérance annulaire.* (*Gaz. hebdom.* 1856.)

[2] BOUILLAUD, *Recherches expérimentales et cliniques tendant à réfuter l'opinion de Gall sur les fonctions du cervelet* (*Arch. de méd.* 1827); — article ATAXIE du *Traité de nosographie médicale*, Paris, 1846; — *Des signes propres à faire distinguer les hémorragies cérébelleuses des hémorragies cérébrales*, leçons recueillies par le docteur A. VOISIN. (*Union méd.* 1859.) — DUCHENNE (de Boulogne), *De l'ataxie locomotrice progressive* (*Arch. de méd.* 1859 et 1860); — *De l'électrisation localisée*, 2ᵉ édit. Paris, 1861; — *Physiologie des mouvements*, Paris, 1867. — JACCOUD, *De l'ataxie et de la paraplégie*, Paris, 1865. — TROUSSEAU, *Clinique de l'Hôtel-Dieu*, Paris, 1862; 3ᵉ édition, Paris, 1865. — TEISSIER (de Lyon), *De l'ataxie musculaire.* (*Gazette médicale de Lyon*, 1861.)

[3] SANDRAS, *Traité pratique des maladies nerveuses*, Paris, 1851; 2ᵉ édit. 1861. — O. LANDRY, *Recherches sur les causes et les indications curatives des maladies nerveuses* Paris, 1855. — BOUCHUT, *De l'état nerveux aigu et chronique, ou névrosisme*, Paris, 1860. — G. SÉE, *De la chorée.* (*Mémoires de l'Acad. de méd.* 1850.) — BEAU, *Recherches statistiques sur l'épilepsie.* (*Archives de méd.* 1836.) — HERPIN, *Pronostic et traitement de l'épilepsie*, Paris, 1852. — DELASIAUVE, *Traité de l'épilepsie*, Paris, 1854. — LANDOUZY, *Traité complet de l'hystérie*, Paris, 1846. — A. BRIQUET, *Traité clinique et thérapeutique de l'hystérie*, Paris, 1859.

Un fait plus considérable, un fait d'une portée telle que sa connaissance a changé profondément jusqu'à nos vues générales en pathologie, c'est celui, récemment mis en lumière, de l'influence que les nerfs ganglionnaires ou sympathiques exercent sur les terminaisons du système artériel et les vaisseaux capillaires[1].

Régis par les filets vaso-moteurs, ces canaux admettent une quantité de sang moindre quand leur contraction augmente, — surabondante quand cette contraction diminue. Or leur resserrement correspond à la stimulation, et leur relâchement à la paralysie. Dans un cas, c'est l'anémie qui en résulte; dans l'autre, l'hyperhémie locale. Ajoutons que l'élévation de la température coïncide avec le défaut de tension et la plénitude des vaisseaux, et que le froid accompagne leur effacement et leur vacuité; et qu'enfin une sorte d'antagonisme se remarque, quant aux effets produits, entre l'excitation des nerfs ganglionnaires et celle des nerfs cérébro-rachidiens. De là l'hypothèse qui, attribuant aux uns le pouvoir de faire entrer en jeu les éléments contractiles des vaisseaux, reconnaît aux autres la propriété de les paralyser activement. Les applications de ces données à la médecine sont à peine ébauchées encore[2], mais on peut dès à présent les entrevoir nombreuses et importantes; car l'introduction de ce nouveau facteur ne peut manquer de modifier les idées qui règnent sur la fièvre et les maladies algides, sur les phlegmasies, sur la congestion sanguine surtout, que nous voyons apparaître, à tant de titres et sous tant de formes, dans le cours des maladies.

L'importance des études hématologiques a été signalée plus haut. Est-il besoin de dire que les symptômes des diverses altérations du sang, non moins que leurs caractères physico-chimiques,

[1] Cl. Bernard, *Recherches expérimentales sur le grand sympathique et spécialement sur l'influence que la section de ce nerf exerce sur la température animale*, Paris, 1854; —*Leçons sur la physiol. et la pathologie du système nerveux*, Paris, 1858.

[2] Cahen, *Névroses vaso-motrices.* (*Arch. de médecine*, 1865.)

ont fourni matière aux recherches? Les signes par lesquels se manifestent les anémies ont notamment attiré l'attention et donné lieu à des travaux du plus haut intérêt[1].

ÉTIOLOGIE.

Des trois éléments dont l'étude complète des maladies exige la détermination, — changements de l'état statique, changements de l'état dynamique, causes donnant lieu aux uns et aux autres, — c'est le dernier, l'étiologie, qui se dérobe le plus aisément aux investigations des pathologistes. Faute de pouvoir saisir les causes elles-mêmes, on est souvent réduit à chercher, ce qui n'est pas toujours équivalent, les *conditions* qui favorisent les actions morbifiques, et qui résident, les unes dans le monde ambiant, les autres dans l'organisme lui-même. Certainement les travaux poursuivis avec ardeur dans cette direction n'ont pas été stériles. C'est ainsi que les questions relatives à l'influence des climats ont fait un grand pas vers leur solution scientifique. Le *Traité de géographie et de statistique médicales*[2] est le premier livre paru en France qui s'occupe de la distribution des maladies à la surface du globe, et où se trouvent abordés, sinon résolus, les problèmes obscurs de l'endémicité et de l'épidémie, de l'antagonisme des maladies, des prédispositions selon les races, de l'acclimatement, etc.

Quant aux modificateurs extérieurs envisagés dans leur action sur l'économie, l'étude en revient de droit à l'Hygiène, et le lec-

[1] BOUILLAUD, *Traité des maladies du cœur*, Paris, 1841; — *Traité de nosographie médicale*, Paris, 1846; — *De la chlorose et de l'anémie.* (*Bulletin de l'Académie de médecine*, 1859.) — MONNERET, *Études sur les bruits vasculaires et cardiaques.* (*Union médicale*, 1859.) — G. SÉE. *Des anémies*, Paris, 1866. — C. POTAIN, article ANÉMIE du *Dictionnaire encyclopédique des sciences médicales*, Paris, 1866.

[2] BOUDIN, *Traité de géographie et de statistique médicales*, Paris, 1857. — BERTILLON, article ACCLIMATEMENT du *Dictionn. encyclopéd. des sciences méd.* Paris, 1864.

teur trouvera dans le Rapport sur les progrès de cette science l'analyse des travaux qui ont pour objet, d'une part l'homme, et de l'autre le milieu où il se trouve plongé, considérés l'un et l'autre au point de vue de l'influence qu'ils exercent et qu'ils subissent tour à tour; là aussi sont consignés spécialement les documents nouveaux qu'on a été à même de recueillir :

Sur l'encombrement, cause principale de plusieurs maladies et plus particulièrement des maladies puerpérales;

Sur l'influence funeste de certains *ingesta*, tels que l'alcool, dont l'abus traîne à sa suite toute une nosologie[1];

Ou les céréales altérées, auxquelles on attribue la production de la pellagre[2];

Sur les empoisonnements accidentels, et surtout l'empoisonne-

[1] Brierre de Boismont, *Quelques observations sur la folie de l'ivresse.* (*Annales médico-psychol.* 1844.) — Marcel, *De la folie par abus des boissons alcooliques*, thèse, Paris, 1847. — Delasiauve, *Diagnostic différentiel du delirium tremens.* (*Revue médicale*, 1850.) — Reber, *De l'alcoolisme chronique*, thèse, Paris, 1853. — Motet, *Considérations générales sur l'alcoolisme et plus particulièrement sur les effets toxiques produits chez l'homme par la liqueur d'absinthe*, thèse, Paris, 1859. — Leudet, *Études sur l'ictère déterminé par les boissons alcooliques.* (*Société de biologie*, 1860). — Racle, *De l'alcoolisme*, Paris, 1860. — Lecoeur, *Études sur l'intoxication alcoolique*, Caen, 1860. — Bouchardat, *De l'usage et de l'abus des boissons fermentées.* (*Annuaire de thérapeutique*, 1862.) — Launay, *L'alcoolisme et son influence sur la production de la phthisie*, etc. (*Union médicale*, 1862.) — Contesse, *Études sur l'alcoolisme et sur l'étiologie de la paralysie générale*, thèse, Paris, 1862. — Pennetier, *De la gastrite dans l'alcoolisme*, thèse, Paris, 1865. — Lancereaux, article alcoolisme du *Dict. encyclopéd. des sc. méd.* 1865. — Leudet, *Étude clinique de la forme hyperesthésique de l'alcoolisme chronique et de sa relation avec les maladies de la moelle.* (*Arch. de méd.* 1867.)

[2] Hameau, *Description d'une maladie nouvelle.* (*Soc. de méd. de Bordeaux*, 1829.) — Brierre de Boismont, *De la pellagre et de la folie pellagreuse.* (*Journal complémentaire des sciences méd.* 1832.) — Roussel, *De la pellagre, de son origine, de ses progrès, de son existence en France*, etc. Paris, 1835. — Marchant, *Documents pour servir à l'étude de la pellagre des Landes*, Bordeaux, 1847. — Baillarger, *De la paralysie pellagreuse.* (*Mém. de l'Acad. de méd.* 1848.) — Willemin, *De la pellagre sporadique à Paris*, 1847. — Landouzy, *De la pellagre sporadique.* (*Archives de méd.* 1859.) — Costallat, *Étiologie et prophylaxie de la pellagre*, Paris, 1860. — Bouchard, *Recherches nouvelles sur la pellagre*, Paris, 1862. — Billod, *Traité de la pellagre*, Paris, 1865.

ment professionnel qui résulte de l'absorption du plomb [1], du cuivre [2], de l'arsenic [3], du phosphore [4], etc.

Parmi les conditions inhérentes à l'organisme lui-même, après

[1] GRISOLLE, *Essai sur la colique de plomb*, thèse, Paris, 1835; — *Recherches sur quelques-uns des accidents cérébraux produits par les préparations saturnines.* (*Journal hebdom. de méd.* 1836.) — TANQUEREL DES PLANCHES, *Traité des maladies de plomb ou saturnines*, Paris, 1839. — BRACHET, *Traité pratique de la colique de plomb*, Paris, 1850. — LADREIT DE LACHARRIÈRE, *De l'intoxication saturnine par la poussière de verre.* (*Arch. de méd.* 1859.) — E. R. ARCHAMBAULT, *Intoxication saturnine par la poussière de cristal.* (*Arch. de méd.* 1861.) — LEFÈVRE, *Recherches sur les causes de la colique sèche*, Paris, 1859.

[2] CHEVALLIER, *Note sur la santé des ouvriers qui travaillent le cuivre* (*Annales d'hygiène*, 1843); — *Note sur les ouvriers qui travaillent le vert-de-gris.* (*Annales d'hygiène*, 1847.) — BLANDET, *Mémoire sur la colique de cuivre.* (*Journal de méd.* 1845.) — CHEVALLIER et BOYS DE LOURY, *Essai sur les accidents qui peuvent survenir aux ouvriers*, etc. (*Annales d'hygiène*, 1847.) — PIETRA-SANTA, *De la non-existence de la colique de cuivre.* (*Annales d'hygiène*, 1858.)

[3] BLANDET, *Mémoire sur l'empoisonnement externe produit par le vert de Schweinfurt.* (*Journal de médecine*, 1845.) — CHEVALLIER, *Essai sur les maladies qui atteignent les ouvriers en papiers peints* (*Ann. d'hygiène*, 1847); — *Recherches sur les dangers que présente le vert de Schweinfurt*, etc. (*Annales d'hygiène*, 1859.) — BEAUGRAND, traduction du *mémoire* de BROCKMANN *sur les accidents occasionnés par l'arsenic*, etc. (*Moniteur des hôpitaux*, 1858); — *Des diverses sortes d'accidents causés par les verts arsenicaux.* (*Gazette des hôpitaux*, 1859.) — FOLLIN, *Sur l'éruption papulo-ulcéreuse qu'on observe chez les ouvriers qui manient le vert de Schweinfurt.* (*Archives de méd.* 1857.) — PIETRA-SANTA, *Existe-t-il une affection propre aux ouvriers en papiers peints*, etc.? (*Annales d'hygiène*, 1858.) — VERNOIS, *Mémoire sur les accidents produits par les verts arsenicaux chez les ouvriers fleuristes*, etc. (*Annales d'hygiène*, 1859.)

[4] M. U. TRÉLAT, *De la nécrose phosphorique*, Paris, 1857. — BRULLÉ, *De l'empoisonnement aigu par le phosphore*, thèse, Paris, 1861. — FRITZ, RANVIER et VERLIAC, *De la stéatose dans l'empoisonnement par le phosphore.* (*Arch. de méd.* 1863.) — LANCEREAUX, *Étude sur la dégénérescence graisseuse des éléments actifs du foie, des reins et des muscles de la vie animale, dans l'empoisonnement par le phosphore.* (*Union méd.* 1863.) — BRUNET, *De l'empoisonnement aigu par le phosphore*, thèse, Paris, 1863. — E. FABRE, *De la dégénérescence graisseuse dans l'empoisonnement aigu par le phosphore*, thèse, Paris, 1864. — BERGERON et CORNIL, *Altération granulo-graisseuse de l'épithélium des glandes de l'estomac dans un cas d'empoisonnement par le phosphore.* (*Comptes rendus et Mém. de la Soc. de biologie*, 1865.) — A. TARDIEU, *Étude médico-légale sur l'empoisonnement*, Paris, 1867. — RANVIER, *Recherches expérimentales au sujet de l'action du phosphore*, etc. (*Gazette méd.* 1867.)

l'hérédité[1], l'âge est assurément l'une des plus importantes, soit qu'il crée une prédisposition à certaines affections particulières, soit qu'il imprime aux maladies communes des modifications caractéristiques. Le premier et le dernier âge ont chacun leur pathologie à part, et bien des travaux y ont été spécialement consacrés[2]. Entre tous il faut citer ici le *Traité des maladies de l'enfance*[3], qui donne sur les affections de cette période de la vie les informations les plus complètes. Les littératures médicales étrangères ne possèdent rien de comparable à ce livre, et toutes y ont largement puisé.

Enfin, dans l'ordre des causes directes, nous indiquerons, comme ayant donné lieu à des travaux remarquables, les *virus*, agents mystérieux et avérés, aussi insaisissables en eux-mêmes que manifestes dans leurs effets :

Le virus vaccin, qui a pu être suivi dans ses migrations, jusque-là entrevues seulement, du cheval à la vache et de la vache à l'homme (*horse-pox* et *cow-pox*), et dont on a pu démontrer les analogies, quelques-uns disent l'identité, avec la variole humaine[4];

[1] Lucas, *Traité physiologique et philosophique de l'hérédité*, Paris, 1847-1850. — Gintrac, *Mém. sur l'influence de l'hérédité sur la production de la surexcitation nerveuse.* (*Mém. de l'Acad. de méd.* 1845.) — Morel, *Traité des dégénérescences physiques*, Paris, 1857; — *De l'hérédité morbide progressive.* (*Arch. de méd.* 1867.)

[2] Hourmann et Dechambre, *Recherches cliniques pour servir à l'histoire des maladies des vieillards.* (*Arch. de méd.* 1835.) — Beau, *Études cliniques sur les maladies des vieillards.* (*Journ. de méd.* 1845.) — Durand-Fardel, *Traité des maladies des vieillards*, Paris, 1854. — Charcot, *Leçons cliniques sur les maladies des vieillards*, Paris, 1867.

[3] Rilliet et Barthez, *Traité des maladies des enfants*, Paris, 1843; 2e édition, 1853. — Barrier, *Traité pratique des maladies de l'enfance*, Paris, 1842; 3e édition, 1861. — Bouchut, *Maladies des enfants nouveau-nés*, Paris, 1845; 4e édition, 1862. — Roger, *Séméiotique des maladies de l'enfance*, Paris, 1864. — Trousseau, *Clinique méd. de l'Hôtel-Dieu*, 1861.

[4] Rayer, *Traité théorique et pratique des maladies de la peau*, Paris, 1835. — Steinbrenner, *Traité de la vaccine*, Paris, 1846. — Bousquet, *Traité de la vaccine*, Paris, 1848. — Maunoury et Pichot, *De la contagion du virus des eaux aux jambes du cheval à l'homme.* (*Arch. de méd.* 1857.) — *Communications* de MM. Depaul, Bouley, Reynal, Magne, Leblanc, Bouvier, Bousquet, etc. dans le *Bulletin de l'Acad. de méd.* 1864-1865. — Chauveau, *Recherches expérimentales de la Société des sciences médicales de Lyon sur les relations qui*

Le virus syphilitique[1], qui conserve la propriété de se transmettre, même à une époque éloignée du début, ainsi que cela a été mis hors de doute par l'inoculation du sang et par celle de divers liquides sécrétés : ces dernières révélations sont graves; elles achèvent de renverser une théorie à laquelle l'immense talent de son défenseur avait valu un crédit universel, et, de plus, en raison du mélange possible de deux virus, l'un utile, l'autre funeste, elles auront pour conséquence un redoublement de précautions dans la pratique, en apparence si inoffensive, de la vaccination de bras à bras[2];

Le virus du charbon et de la pustule maligne, dont peut-être la nature véritable nous est enfin dévoilée[3];

existent entre la variole et la vaccine. (*Bull. de l'Acad. de méd.* 1865.)—LORAIN, *Conférence sur Jenner.* (*Conférences historiques faites à l'École de médecine*, Paris, 1865.)

[1] RICORD, *Notes ajoutées à la traduction*, par RICHELOT, *du Traité de la maladie vénérienne* de HUNTER, Paris, 1839; 3e édit. 1859; — *Traité pratique des maladies vénériennes*, Paris, 1838; — *Lettres sur la syphilis*, Paris, 1850; 2e édit. 1856; — *Leçons sur le chancre*, rédigées par A. FOURNIER, Paris, 1858. — CULLERIER, *Des affections blennorrhagiques*, Paris, 1861. — A. FOURNIER, *De la contagion du chancre*, Paris, 1857; — *De la contagion syphilitique*, thèse, Paris, 1860. — CAZENAVE et CHAUSIT, *Ann. des maladies de la peau et de la syphilis*, Paris, 1844-1852. — VIDAL (de Cassis), *Traité des maladies vénériennes*, Paris, 1853. — E. VIDAL, *De la syphilis congénitale*, Paris, 1860. — DIDAY, *Traité de la syphilis des nouveau-nés*, Paris, 1864. — ROLLET, *Traité des maladies vénériennes*, Paris, 1865. — LANCEREAUX, *Traité historique et pratique de la syphilis*, Paris, 1866.

[2] VIENNOIS, *Transmission de la syphilis par la vaccination.* (*Arch. de méd.* 1860.)— ROLLET, *Étude sur le chancre produit par la contagion de la syphilis secondaire.* (*Arch. de médecine*, 1859.) — GIBERT, *Rapport sur la question de la contagion des accidents secondaires de la syphilis.* (*Bull. de l'Académie de médecine*, 1859.)—Discussion sur la syphilis vaccinale à l'Académie de médecine, 1864 : *Communications* de MM. RICORD, DEPAUL, BLOT, GUÉRIN, TROUSSEAU, AUZIAS-TURENNE, DEVERGIE, BRIQUET, BOUVIER, BOUSQUET, GIBERT.

[3] *Comptes rendus de l'Association médicale d'Eure-et-Loir*, 1849-1852. — MAUNOURY, *Recherches expérimentales sur l'inoculation de la pustule maligne de l'homme aux animaux.* (*Gazette médicale*, 1855.) — SALMON et MAUNOURY, *Mémoire sur l'inoculation de la pustule maligne comme moyen nécessaire de diagnostic de la véritable pustule charbonneuse.* (*Gaz. médicale*, 1856.) — RAIMBERT, *Traité des maladies charbonneuses*, Paris, 1859. — J. BOURGEOIS, *Traité pratique de la pustule maligne et de l'œdème*

Le virus de la morve et du farcin, inoculable du cheval à l'homme : cette transmission devient quelquefois le point de départ d'un grave empoisonnement morbide dont l'origine est restée une énigme jusqu'à ces beaux travaux[1], qui l'ont fait connaître parmi nous et que la médecine française peut opposer à ceux publiés en Angleterre vers la même époque.

Un fait dont la portée n'est pas encore définitivement appréciée, mais qui semble clairement ressortir d'une série d'expériences décisives, c'est la possibilité de faire naître par voie d'inoculation l'altération tuberculeuse des organes[2]. Il y a là certainement de quoi révolutionner les opinions qui ont cours sur plusieurs points de physiologie pathologique; mais est-on autorisé à en déduire la nature virulente de la maladie tuberculeuse ?

Quelques essais tentés avec la substance des tumeurs cancéreuses ont également donné des résultats positifs[3].

Chacune des épidémies cholériques qui ont successivement visité la France depuis 1832 est devenue le sujet d'importantes publications, propres à élucider dans une certaine mesure les problèmes que soulève une si étrange et si terrible affection[4]. De tous

malin, Paris, 1861. — MAUVEZIN, *Contribution à l'étude des maladies charbonneuses.* (*Arch. de méd.* 1866.) — GALLARD, *La pustule maligne peut-elle se développer spontanément*, etc.? Paris, 1865. — DAVAINE, *Nouvelles recherches sur la nature des maladies charbonneuses.* (*Comptes rendus des séances de l'Acad. des sciences*, 1864.) — DAVAINE et RAIMBERT, *Sur la présence des bactéries dans la pustule maligne de l'homme.* (*Comptes rendus des séances de l'Académie des sciences*, 1864.)

[1] RAYER, *De la morve et du farcin chez l'homme*, Paris, 1837. — VIGLA, *De la morve aiguë chez l'homme*, thèse, Paris, 1839. — LESUEUR, *De la transmission de la morve et du farcin*, thèse, Paris, 1841. — TARDIEU, *De la morve et du farcin chroniques chez l'homme et chez les solipèdes*, thèse, Paris, 1843. — WEISSIÈRE, *Des maladies transmissibles des animaux à l'homme*, Paris, 1853. — *Communications* sur le même sujet de MM. BOULEY, TARDIEU, GUÉRIN, BOUILLAUD, RENAULT. (*Bull. de l'Acad. de méd.* 1861.)

[2] VILLEMIN, *Cause et nature de la tuberculose* (*Bull. de l'Acad. de méd.* 1865); — *Études sur la tuberculose*, Paris, 1868. — HÉRARD et CORNIL, *De la phthisie pulmonaire*, Paris, 1867.

[3] E. FOLLIN, *Traité élémentaire de pathologie externe*, t. II, Paris, 1861. — GOUJON, *Gaz. des hôpitaux*, 1869.

[4] Monographies ou mémoires de : LITTRÉ, Paris (1832); GENDRIN (1832);

ces problèmes l'un des plus graves assurément consiste à déterminer la cause de la maladie. Si l'on ne peut remonter jusque-là, du moins est-il urgent de trancher après les faits la question de savoir si le choléra est ou non transmissible. Longtemps repoussée comme une hypothèse indigne d'être discutée, l'assimilation du choléra aux maladies contagieuses gagne aujourd'hui visiblement du terrain; elle rallie des opinions respectables, dont s'est inspirée l'hygiène publique elle-même dans les mesures préventives par lesquelles, dans les dernières épidémies, elle a tenté d'en restreindre l'étendue ou d'en atténuer les ravages[1].

La genèse et la transmission des maladies s'expliquent, dans certains cas, par la présence d'êtres vivants, animaux ou végétaux[2].

Gérardin et Gaimard (1832); Bouillaud (1832); Rayer (*Gaz. médicale* et *Archives générales de médecine*, 1832); Lasègue (*Arch. de méd.* 1848); Tardieu (1849); Barth (1849); Briquet et Mignot (1850); Marey (*Gaz. hebdomad.* 1865); Gubler (*Bulletin de thérapeutique; Gazette des hôpitaux; Union méd.* 1866); Lorain (*Union méd.* 1866); Besnier (*Bulletin* et *Mém. de la Soc. médic. des hôpitaux*, 1867). — Voir aussi la note suivante.

[1] Spindleir, *Le choléra à Strasbourg en 1849*, thèse, Strasbourg, 1850. — Brochard, *Du mode de propagation du choléra et de la nature contagieuse de cette maladie*, Paris, 1851. — Briquet et Mignot, *Traité pratique et analytique du choléra-morbus*, Paris, 1850. — A. Benoit, *Du choléra dans la vallée de Giromagny, et des moyens qui ont réussi à arrêter les progrès de l'épidémie*, Strasbourg, 1855. — L. Gros, *Le choléra dans la vallée de Sainte-Marie-aux-Mines.* (*Gazette médicale de Strasbourg*, 1855.) — Huette, *Du développement et de la propagation du choléra dans le canton de Montargis.* (*Arch. gén. de méd.* 1855.) — Sirus-Pirondi et Aug. Fabre, *Sur l'importation du choléra à Marseille*, Paris, 1865. — J. Worms, *De la propagation du choléra et des moyens de la restreindre*, Paris, 1865. — Cazalas, *Examen relatif à la contagion et à la non-contagion du choléra.* (*Bulletin de l'Acad. de méd.* 1865-1866.) — V. Seux, *Le choléra dans les hôpitaux civils de Marseille*, Paris, 1866. — A. Willemin, *Consid. sur le mode de propagation du choléra*, Strasbourg, 1866. — Eissen, *Contagion du choléra.* (*Gaz. méd. de Strasbourg*, 1866.) — Legros et Goujon, *Recherches expérimentales sur le choléra.* (*Journal d'anat. et de physiol.* 1866.) — Vincent et Collardot, *Le choléra d'après les neuf épidémies qui ont régné à Alger depuis 1835 jusqu'en 1865*, Alger, 1866. — Briquet, *Rapport sur les épidémies de choléra-morbus qui ont régné de 1817 à 1850.* (*Mém. de l'Acad. de méd.* 1867.)

[2] Dujardin, *Histoire naturelle des helminthes ou vers intestinaux*, Paris, 1845. — Ch. Robin, *Histoire naturelle des végétaux parasites qui croissent sur l'homme et sur les animaux vivants*, Paris, 1853.

Telle est la classe si vaste des entozoaires, dont l'étude demandait à être refaite avec soin au double point de vue de l'histoire naturelle et de la pathologie[1].

Tel est pour la gale l'*acarus* ou sarcopte[2]. On n'avait aperçu d'abord que la femelle de cet arachnide; il a été donné à un élève de l'hôpital Saint-Louis[3] de découvrir le mâle bien des années après.

Tels sont, pour un grand nombre d'autres maladies de la peau, les champignons microscopiques. Un médecin de nos jours a su isoler le groupe des maladies *parasitaires* de ceux qui ressortissent à d'autres causes; il a retracé avec une égale exactitude les caractères de ces cryptogames eux-mêmes et les signes des états morbides que suscite leur présence (siége, forme, récidivité, transmission, curabilité)[4].

Et ce n'est pas tout. De même que l'étiologie nous conduit à voir dans l'agent morbifique le fauteur d'un ensemble de faits morbides, de même la pathogénie, cette étiologie intrinsèque, nous initie au mode d'enchaînement des accidents : elle nous fait remonter, dans la même série, d'un phénomène à ceux qui l'ont précédé ou provoqué. C'est de la sorte que nous ont été révélées les connexions qui existent entre l'amaurose et l'albuminurie[5]; — entre certains accidents cérébraux (délire ou coma) et le rhumatisme des jointures[6]; — entre certaines paralysies ou ataxies musculaires et les affections aiguës antécédentes, notamment les affec-

[1] DAVAINE, *Traité des entozoaires et des maladies vermineuses*, Paris, 1860.

[2] AUBÉ, *Considérations sur la gale et l'insecte qui l'a produit*, thèse, Paris, 1836. — BOURGUIGNON, *Traité entomologique et pathologique de la gale*, Paris, 1852.

[3] LANQUETIN, *L'acarus mâle* (*Ann. des maladies de la peau et de la syphilis*, de CAZENAVE et de CHAUSIT, 1851).

[4] BAZIN, *Recherches sur la nature et le traitement des teignes*, Paris, 1853; — *Leçons sur les affections cutanées parasitaires*, 2ᵉ édit. Paris, 1862. — HARDY, *Leçons sur les maladies de la peau*, 2ᵉ partie, Paris, 1859. — GRUBY, *Mémoire sur une végétation qui constitue la vraie teigne.* (*Comptes rendus de l'Acad. des sciences*, 1841.)

[5] LANDOUZY, *De l'amaurose dans la néphrite albumineuse.* (*Ann. d'oculist.* 1851.)

[6] GOSSET, *Observ. d'un cas observé dans le service de REQUIN.* (*Actes de la Soc. des hôpitaux*, 1852.) — Rapport de VALLEIX et note de BOURDON. (*Ibid.*) — VIGLA, *Observ. sur les complic. cérébrales dans le rhumat.*

tions diphthéritiques[1]; — entre les gangrènes par oblitération artérielle, les furoncles, les éruptions prurigineuses, la cataracte, d'une part, et, de l'autre, l'existence du diabète sucré[2]; — entre la glycosurie et les lésions traumatiques ou spontanées de l'encéphale[3]; — entre l'albuminurie et l'intoxication saturnine[4]; — divers accidents gangréneux et la fièvre typhoïde[5]; — les névroses et certaines hémorragies[6]; — le rhumatisme et la chorée[7], etc.

Cette énumération de faits de détail, fût-elle même moins incomplète, ne donnerait qu'une faible idée des changements graduellement accomplis dans nos études étiologiques, si nous omettions d'indiquer certaines vues générales qui ont pénétré dans

artic. aigu. (*Archives de méd.* 1853.) — Cossy, *Anat. pathol. du rhumat. artic. aigu.* (*Archives*, 1854.) — Mesnet, *Sur quelques-uns des accidents cérébraux... Aliénation mentale avec chorée dans le cours d'un rhumatisme*, etc. (*Ibid.* 1856.) — Gubler, *Études sur le rhumatisme cérébral.* (*Ibid.* 1857.) — Sée, rapport sur le mémoire de M. Gubler intitulé : *Du rhumatisme cérébral.* (*Actes de la Soc. médicale des hôpitaux*, 1857.) — Auburtin, *Recherches cliniques sur l'arthrite rhumat.* (*Le Progrès*, 1860.) — Bouillaud, *Lettre sur les accidents cérébraux*, etc. (*Ibid.* 1860.)

[1] Maingault, *De la paralysie diphthérique*, Paris, 1860. — Paley, Pératé, Péry, Boutin, Ranque, Révillout, même sujet. (*Thèses de Paris*, 1858 et 1859.) — Gubler, *Des paralysies dans leurs rapports avec les maladies aiguës.* (*Archives de méd.* 1860 et 1861.) — Leudet, *Remarques sur les paralysies essentielles consécutives à la fièvre typhoïde.* (*Gaz. méd.* 1861.) — Voyez aussi *Actes de la Soc. méd. des hôpitaux*, 1860.

[2] Marchal (de Calvi), *Recherches sur les affections diabétiques*, Paris, 1864. — Lecorché, *Cataracte diabétique.* (*Arch. de méd.* 1861.)

[3] Leudet, *Recherches cliniques sur l'influence des maladies cérébrales sur la production du diabète sucré.* (*Gaz. médicale*, 1857.) — Luys et Dumontpallier, *Diabète insipide consécutif au diabète sucré; altération du plancher du quatrième ventricule.* (*Société de biologie*, 1861.)

[4] A. Ollivier, *De l'albuminurie saturnine.* (*Arch. de méd.* 1863.)

[5] Bourgeois (d'Étampes), *Note sur la gangrène des membres*, etc. (*Actes de la Soc. méd. des hôpitaux*, 1857.) — Béhier, rapport sur ce travail. (*Ibid.*) — Patry, même sujet. (*Arch. de méd.* 1863.) — H. Roger, *Sur la rhino-nécrosie.* (*Bulletin de la Soc. méd. des hôp.* 1860.)

[6] J. Parrot, *Des hémorragies névropathiques.* (*Gaz. hebd.* 1859.) — Marrotte, *Sur quelques phénomènes qui accompagnent les névralgies lombo-obdominales.* (*Arch. de méd.* 1860.)

[7] G. Sée, *De la chorée.* (*Mém. de l'Acad. de méd.* 1850.) — Botrel, thèse, Paris, 1850. — Roger, *Sur la chorée, le rhumatisme*, etc. (*Arch. de méd.* 1867.)

la plupart des livres et jusque dans les habitudes des cliniciens. Ceux-ci, sans perdre de vue les causes accidentelles, accordent une importance de plus en plus grande aux conditions qui sont propres à l'organisme lui-même. Ils s'attachent à rechercher comment les circonstances d'hérédité, de constitution; comment les influences hygiéniques ou pathologiques antérieures, ont façonné cet organisme, et avec quelle somme de prédisposition ou d'immunité il affronte, à un moment donné, des éventualités morbides nouvelles. De plus, groupant les accidents dont la santé a été traversée à diverses époques, ouvrant au besoin une enquête sur les maladies des ascendants, ils s'efforcent de saisir, à travers la variété infinie de manifestations, une certaine unité causale, la diathèse[1], autour de laquelle graviterait tout cet ensemble. Et, dans une direction opposée, confrontant l'une avec l'autre ces manifestations pathologiques, et constatant ou leur siége similaire, ou leurs symptômes analogues, ou leur marche comparable, ils s'autorisent de ces ressemblances pour affirmer l'identité de leur origine. C'est ainsi que nous avons vu l'arthritisme, l'herpétisme, la scrofule, prendre rang au nombre des causes, et que des théories encore plus hardies se contentent d'admettre deux grandes diathèses seulement, dominant la foule des maladies locales, savoir : l'arthritis et la maladie strumeuse; diathèses antagonistes, qui se rencontreraient rarement unies et qui même alors se serviraient réciproquement de modérateurs. C'est principalement en dermatologie[2] que ces opinions se sont fait jour. Étudiées d'abord, et avec un succès incontestable,

[1] Beaumès, *Précis théorique et pratique des diathèses*, Lyon, 1853.— Guéneau de Mussy, *Traité de l'angine glanduleuse et observations sur l'action des Eaux-Bonnes dans cette affection, précédées de considérations sur les diathèses*, Paris, 1857.— Monneret, *Traité de pathologie générale*, Paris, 1857-1861; — *Traité élémentaire de pathologie interne*, Paris, 1864-1866.— Pidoux, *Introduction à une nouvelle doctrine de la phthisie pulmonaire*, Paris, 1866.— E. Chauffard, *De la spontanéité et de la spécificité dans les maladies*, Paris, 1867.

[2] Cazenave et Schedel, *Abrégé pratique des maladies de la peau*, Paris, 1828; autre édition, 1838.— Cazenave, *Traité des syphilides*, avec atlas, Paris, 1843; — *Leçons sur les maladies de la peau*, Paris, 1848-

dans leurs particularités anatomiques, les maladies de la peau se trouvent aujourd'hui classées, au point de vue de leurs causes, en herpétides, scrofulides, arthritides, etc.

Nous devions signaler la tendance; il ne nous appartient pas de la juger. Quelque prise que ces tentatives de généralisation puissent donner à la critique, elles n'auront pas été infécondes. Elles auront forcé l'observation médicale à sortir de la constatation du seul état actuel, en appelant l'attention sur l'ensemble des accidents qui, à différentes époques, dans différents organes, se succèdent et s'enchaînent chez le même individu. Et cette observation y aura gagné de devenir à la fois plus large, par le nombre des inconnues à dégager, et plus minutieuse, par l'obligation de tenir compte d'analogies ou de nuances délicates, fugitives, facilement inaperçues. Enfin les esprits se seront accoutumés à ces notions vraies et trop négligées de races pathologiques, de dispositions morbides natives ou acquises, de fatalités organiques, et, par cela même, le champ de l'action thérapeutique rationnelle se sera trouvé plus réduit, à la vérité, mais aussi mieux précisé.

NOSOLOGIE.

Les recherches d'anatomie et de physiologie pathologiques qui viennent d'être rappelées, celles qui ont été entreprises dans le domaine de l'étiologie, ont abouti, comme résultat définitif, à établir plusieurs espèces morbides nouvelles ou à reviser les anciennes, et cela tantôt dans le sens de la simplification, tantôt et plus souvent dans celui d'une subdivision plus analytique. On n'a pas laissé de

1857; — *Leçons sur les maladies du cuir chevelu,* 1850; — en collaboration avec Chausit, *Annales des maladies de la peau et de la syphilis,* 1844-1852. — Alibert, *Monographie des dermatoses,* Paris, 1835. — Gibert, *Traité pratique des maladies de la peau,* Paris, 1840; 3e édition, 1860. — Devergie, *Traité pratique des maladies de la peau,* Paris, 1854; 2e édition, 1857. — Chausit, *Traité élémentaire des maladies de la peau,* Paris, 1853. — Pour les ouvrages de MM. Bazin et Hardy, voyez la note 4 de la page 41 et la note 3 de la page 46.

faire un reproche à notre époque de ces subdivisions nombreuses, reproche assurément mal fondé; car, en supposant même légitimes les prétentions de ceux qui voudraient tout ramener à deux ou trois maladies principales, comment méconnaître l'utilité des groupements secondaires en une science qui vit de détails, dont l'art est le but suprême et que le dédain des faits particuliers condamnerait à une inévitable stérilité? Vainement insisterait-on sur l'incurabilité de plusieurs maladies nouvelles ou, mieux, nouvellement décrites : il ne s'ensuit nullement que la pratique ne soit elle-même, aussi bien que la nosologie, grandement intéressée à les connaître; car de leur étude résultent plus de netteté pour le diagnostic, un pronostic plus ferme, et une thérapeutique à la fois plus consciente de son opportunité et mieux renseignée sur les effets qu'elle obtient.

Nous n'essayerons pas de faire l'énumération complète des changements que ces dernières années ont introduits dans la nosologie; mais nous devons au moins mentionner les principaux, en parcourant rapidement la série des maladies générales et des maladies locales :

Ainsi les fièvres continues de nos pays, réduites à une affection unique, la fièvre typhoïde, et cette réduction justifiée, en dépit des variétés de forme, par l'existence constante d'une lésion identique, toujours localisée dans les glandes isolées et agminées de l'intestin grêle : voilà sans contredit l'une des plus grandes, des plus utiles, des plus solides conquêtes de la médecine moderne, une de celles que la médecine française peut inscrire parmi ses titres de gloire les moins contestables et les moins contestés[1];

Le typhus séparé de la fièvre typhoïde malgré les ressemblances

[1] LOUIS, *Rech. anatomiques, patholog. et thérapeut. sur la maladie connue sous le nom de* FIÈVRE TYPHOÏDE, Paris, 1841. — BOUILLAUD, *Traité clinique et expérimental des fièvres dites* ESSENTIELLES, Paris, 1826. — TROUSSEAU, *De la maladie à laquelle* M. BRETONNEAU *a donné le nom de* DOTHIÉNENTERIE. (*Arch. de méd.* 1826.) — CHOMEL, *Leçons cliniques*, Paris, 1834. — FORGET, *Traité de l'entérite folliculeuse*, Paris, 1841.

de symptômes et de lésions qui avaient fait admettre à quelques auteurs l'identité des deux maladies[1];

Les affections pseudo-membraneuses de la gorge (*angine couenneuse*), du larynx (*croup*) et du reste des voies aériennes, ainsi que les affections pseudo-membraneuses d'autres surfaces tégumentaires (peau, conjonctive, etc.), rattachées à la *diphthérie*[2], comme les effets d'une cause morbifique à manifestations multiples, tandis qu'auparavant on y voyait autant de maladies distinctes, indépendantes les unes des autres, et flottant, pour ainsi dire, au hasard, sans lien étiologique appréciable;

Les fièvres éruptives étudiées à nouveau, et, par exemple, les éruptions scarlatiniformes[3] qui précèdent la varioloïde ou accom-

[1] GAULTIER DE CLAUBRY, *De l'identité du typhus et de la fièvre typhoïde*, Paris, 1837. — VALLEIX, *Du typhus fever et de la fièvre typhoïde d'Irlande.* (*Arch. gén. de méd.* 1839.) — LANDOUZY, *Sur l'épidémie du typhus*, etc. (*Arch. génér. de méd.* 1842.) — FAURE, *Le typhus différent de la fièvre typhoïde*, Toulon, 1846. — Em. CHAUFFARD, *Du typhus contagieux.* (*Gaz. hebdom.* 1856.) — GODELIER, *Mémoire sur le typhus*, etc. (*Gaz. méd. de Paris*, 1856.) — BARAILLIER, *Du typhus épidémique*, Paris, 1861. — Discussion à la Société de médecine de Constantinople, 1855.

[2] BRETONNEAU, *Des inflammations spéciales du tissu muqueux*, Paris, 1826. — TROUSSEAU, *passim*; résumé de ses travaux sur ce sujet dans la *Clinique médicale de l'Hôtel-Dieu*, Paris, 1861; 2ᵉ édit. 1865. — PETER, *Quelques recherches sur la diphthérite et le croup*, thèse, Paris, 1859.

[3] A. MOREAU, *Propositions sur quelques formes d'affections puerpérales, et sur une éruption particulière de la période d'invasion de la variole*, thèse, Paris. 1854. — G. SÉE, *Communication sur les éruptions scarlatiniformes observées dans le cours de la diphthérie.* (*Bull. de la Société méd. des hôpitaux*, 1858.) — BOUCHUT, même sujet. (*Ibid.*) — MAUGIN, *Sur les éruptions qui compliquent la diphthérie.* (*Moniteur des hôpitaux*, 1858.) — DELPECH, *Sur une forme particulière de variole compliquée d'éruption purpurique, désignée en Angleterre sous le nom de* VARIOLOUS RASH. (*Gaz. des hôpitaux*, 1858.) — GUBLER, *De la roséole miliaire avec exanthème bucco-pharyngien.* (*Moniteur des hôpitaux*, 1858.) — HARDY, *Leçons sur les maladies de la peau*, Paris, 1859. — BAZIN, *Leçons théoriques et cliniques sur les affections cutanées de nature arthritique et dartreuse*, Paris, 1860; — *Leçons sur les affections cutanées artificielles*, Paris, 1862. — TROUSSEAU, *Clinique médicale de l'Hôtel-Dieu*, t. I, Paris, 1861-1865. — GUÉNIOT, *De certaines éruptions dites* MILIAIRES *et* SCARLATINIFORMES *des femmes en couche*, thèse, Paris, 1862. — ALMÉRAS, *Des rash ou exanthèmes scarlatiniformes confondus avec les scarlatines*, thèse, Paris, 1862.

pagnent d'autres maladies, soigneusement différenciées de la scarlatine proprement dite;

Les caractères propres des fièvres gastriques simples ou bilieuses[1] plus nettement déterminés;

Les maladies paludéennes, que les médecins militaires observent sur une si vaste échelle en Afrique, dévoilées dans leurs formes les plus diverses[2] (fièvres intermittentes, rémittentes, pseudo-continues ou continues, dyssenterie simple ou compliquée de suppuration hépatique, etc.);

D'autres fièvres, étrangères à nos climats, telles que la peste, la fièvre jaune, la fièvre rémittente bilieuse[3], etc., étudiées dans leurs particularités différentielles;

Les affections farcino-morveuses de l'homme, décrites;

La syphilis suivie avec une infatigable attention dans son évolution souvent obscure, et les discussions relatives à la nature de cette maladie transformant peu à peu les doctrines, tout en laissant subsister un fonds de connaissances positives qui s'accroît de jour en jour et demeure à l'abri de toute controverse[4];

La scrofule envisagée dans l'ensemble de son développement, et bien des lésions viscérales reliées au groupe des affections qui relèvent de cette diathèse[5].

[1] MONNERET, *De la fièvre gastrique rémittente simple et bilieuse.* (*Arch. de méd.* 1861.)

[2] MAILLOT, *Traité des fièvres intermittentes*, Paris, 1836.—MONTGELLAZ, *Traité des irritations intermittentes*, Paris, 1839. —BOUDIN, *Traité des fièvres intermittentes, rémittentes et continues des pays chauds et des contrées marécageuses*, Paris, 1842. — CAMBAY, *De la dyssenterie et des maladies du foie qui la compliquent, d'après des observations recueillies en Algérie*, Paris, 1847.— HASPEL, *Maladies de l'Algérie*, Paris, 1850-1852.

[3] DUTROULAU, *Traité des maladies des Européens dans les pays chauds*, Paris, 1861.

[4] Voir la note 1 de la page 38.

[5] BAUDELOQUE, *Études sur les causes, la nature et le traitement de la maladie scrofuleuse*, Paris, 1834.—LUGOL, *Mémoire sur le traitement de la maladie scrofuleuse*, Paris, 1844.—MILCENT, *De la scrofule*, Paris, 1846. —LEBERT, *Traité pratique des maladies scrofuleuses et tuberculeuses*, Paris, 1849.—DUVAL, *Traité de la maladie scrofuleuse*, Paris, 1852.—HARDY, *Leçons sur les maladies de la peau* (*dartres, scrofulides, syphilides*), Paris, 1858.—BAZIN, *Leçons sur la scrofule*, Paris, 1858; 2e édit. 1861.

Cette liste deviendrait bien plus longue si nous passions à la pathologie locale. Là nous rencontrerions, parmi les maladies des voies digestives : les diverses stomatites, notamment celle qui a reçu le nom de *stomatite ulcéro-membraneuse*[1]; — le ramollissement de la membrane muqueuse et l'ulcère simple de l'estomac, dont il a déjà été question plus haut; — la cirrhose avec ses aspects variés; — les engorgements de la rate, entraînant parfois une disposition aux hémorragies multiples[2]; — l'ictère grave[3], encore nommé *typhoïde* ou *hémorragique*, maladie singulière, qu'il serait peut-être plus juste de classer parmi les affections générales, bien que les altérations du foie (ramollissement bilieux, atrophie jaune aiguë, etc.) y jouent un rôle considérable.

Le système circulatoire nous offrirait : l'oblitération artérielle et les gangrènes qui en sont la conséquence; — l'oblitération des veines et les épanchements séreux se produisant en deçà du point lésé; — l'inflammation veineuse avec son cortége d'accidents pyohémiques; — l'angioleucite; — l'hypertrophie généralisée des ganglions lymphatiques[4]; — sans parler de l'endocardite, des anévrismes et de tant d'autres états morbides, qui, pour pouvoir être scrutés dans toutes leurs particularités, demandaient une séméiotique dotée d'un sens nouveau et une anatomie pathologique entièrement régénérée.

Est-il nécessaire d'insister sur la révolution totale qui, depuis la découverte de l'auscultation, s'est faite dans le domaine des af-

[1] E. J. BERGERON, *De la stomatite ulcéreuse des soldats et de son identité avec la stomatite des enfants*, Paris, 1859.

[2] LEUDET, *De la leucocythémie* (*Gaz. hebd.* 1855); — *Études des lésions viscérales de la leucémie.* (*Gaz. méd.* 1858.) — E. VIDAL, *De la leucocythémie splénique*, Paris, 1856. — GUBLER, *De l'augmentation subite des globules blancs dans la période ultime des cachexies.* (*Union médicale*, 1859.) — J. SIMON, *De la leucocythémie*, thèse, Paris, 1861.

[3] OZANAM, *De la forme grave de l'ictère essentiel*, thèse, Paris, 1849. — MONNERET, *De l'ictère hémorragique essentiel.* (*Le Progrès*, 1859.) — GENOUVILLE, *De l'ictère grave essentiel*, thèse, Paris, 1859. — CARVILLE, *De l'ictère grave épidémique.* (*Arch. de méd.* 1864.)

[4] TROUSSEAU, *De l'adénie*, dans *Clinique médicale*, 2e édition, Paris, 1865.

fections bronchiques et pulmonaires? Il suffira de rappeler qu'à cette date remonte la description de la phthisie à marche lente ou rapide, et la corrélation établie entre les désordres fonctionnels qui la caractérisent et les phases successives que parcourt la lésion tuberculeuse; — de mentionner les dilatations bronchiques, que nous avons appris à distinguer par les signes mêmes qui pourraient amener à les confondre avec les excavations pulmonaires[1]; — la congestion du poumon admise au nombre des espèces morbides définies; — l'emphysème[2]; — la pneumonie primitive ou secondaire; — la broncho-pneumonie; — le sphacèle pulmonaire[3] — les fistules pleuro-bronchiques..... C'en est assez de cette nomenclature, que nous abrégeons, pour faire juger de tout ce que cette partie de la pathologie a gagné en connaissances nouvelles.

Les maladies de l'appareil génito-urinaire sur lesquelles les médecins de notre temps auront le plus insisté sont, indépendamment des dégénérescences rénales : la néphrite qui succède à l'absorption du principe irritant des cantharides[4], l'affection cal-

[1] Barth, *Recherches sur la dilatation des bronches.* (*Mém. de la Soc. méd. d'observation,* 1856.)

[2] Andral, *Annotations à Laennec,* t. I, Paris, 1837. — Louis, *Sur l'emphysème des poumons.* (*Mém. de la Société méd. d'observation,* 1837.) — Longet, *Recherches expérimentales sur une nouvelle cause d'emphysème pulmonaire.* (*Comptes rendus de l'Acad. des sciences,* 1842.) — Gavarret, *De l'emphysème des poumons,* thèse, Paris, 1843. — Prus, *De l'emphysème pulmonaire considéré comme cause de mort subite.* (*Mém. de l'Acad. de médecine,* 1843.) — Gallard, *Mémoire sur l'emphysème pulmonaire.* (*Arch. de méd.* 1854.) — Dechambre, *Sur la théorie* de MM. Andral et Gairdner *concernant la formation de l'emphysème vésiculaire,* etc. (*Arch. de méd.* 1855.) — Beau, *Traité d'auscultation,* Paris, 1856. — Hervieux, *Sur l'emphysème pulmonaire infantile.* (*Arch. de médecine,* 1861.) — Villemin, *Sur la vésicule pulmonaire et l'emphysème.* (*Ibid.* 1866.)

[3] Briquet, *Sur un mode de gangrène du poumon.* (*Archives de méd.* 1841.) — Boudet, *Recherches sur la gangrène pulmonaire.* (*Arch. de méd.* 1843.) — Lasègue, *Des gangrènes curables du poumon.* (*Arch. de méd.* 1857.) — Empis, *Du catarrhe bronchique pseudo-gangréneux.* (*Gaz. des hôpitaux,* 1861.)

[4] Bouillaud, *De l'albuminurie cantharidienne.* (*Revue méd. chir.* 1848.) — Morel-Lavallée, *De la cystite cantharidienne.* (*Arch. de méd.* 1856.)

culeuse[1], la spermatorrhée[2], les dysménorrhées et spécialement celle qu'accompagne la chute périodique de la muqueuse utérine, la métrite catarrhale ou parenchymateuse, la péritonite pelvienne, les phlegmons du bassin[3], et surtout la phlébite des sinus utérins ou des veines des annexes, point de départ fréquent et fréquemment méconnu des accidents qui surviennent chez les femmes en couche[4].

Quant à la pathologie des organes de l'innervation, déjà dans un précédent paragraphe nous avons nommé plusieurs espèces morbides nouvelles, sorties toutes faites des investigations anatomo-

[1] Leroy (d'Étiolles) fils, *Traité pratique de la gravelle et des calculs urinaires*, Paris, 1864-1867.

[2] Lallemand, *Des pertes séminales involontaires*, Paris et Montpellier, 1837-1841. — Kaula, *De la spermatorrhée*, Paris, 1846. — Trousseau, article Pertes séminales de la *Clinique médicale de l'Hôtel-Dieu*, Paris, 1865.

[3] Huguier, *Mémoire sur les maladies des appareils sécréteurs des organes génitaux*, etc. (*Mém. de l'Ac. de méd.* 1850); — *Mémoire sur les allongements hypertrophiques du col de l'utérus.* (*Mém. de l'Acad. de médecine*, 1860.) — Valleix, *Des déviations utérines*, leçons cliniques recueillies par T. Gallard. (*Union méd.* 1852.) — Laugier, *De l'hématocèle péri-utérine.* (*Comptes rendus de l'Ac. des sciences*, 1855.) — Gallard, *De l'inflammation du tissu cellulaire qui environne la matrice*, thèse, Paris, 1855. — Richet, *Traité pratique d'anatomie chirurgicale*, Paris, 1857; 3e édition, 1865. — Becquerel, *Traité clinique des maladies de l'utérus et de ses annexes*, Paris, 1859. — Devals, *Du varicocèle ovarien*, thèse, Paris, 1858. — Aran, *Leçons cliniques sur les maladies de l'utérus et de ses annexes*, Paris, 1860. — A. Voisin, *De l'hématocèle rétro-utérine*, thèse, Paris, 1860. — Nélaton, *Leçons cliniques.* (*Gaz. des hôp.* 1861.) — Nonat, *Traité prat. des maladies de l'utérus et de ses annexes*, Paris, 1860. — Bernutz et Goupil, *Clinique sur les maladies des femmes*, Paris, 1862. — Courty, *Traité pratique des maladies de l'utérus et de ses annexes*, Paris, 1866. — Brouardel, *De la tuberculose des organes génitaux de la femme*, thèse, Paris, 1865.

[4] Voillemier, *Histoire de la fièvre puerpérale qui a régné à l'Hôpital des cliniques* (*Journal des connaissances médico-chirurgicales*, 1840); — *Clinique chirurgicale*, Paris, 1862. — Lorain, *De la fièvre puerpérale chez la femme, le fœtus et le nouveau-né*, thèse, Paris, 1856. — Béhier, *Lettres sur la maladie dite* fièvre puerpérale. (*Union médicale*, 1858); — *Conférences de clinique médicale*, Paris, 1864. — Trousseau, *Clinique médicale de l'Hôtel-Dieu*, Paris, 1861-1865. — *De la fièvre puerpérale, de sa nature, de son traitement.* (Communications faites à l'Académie de médecine, Paris, 1858.)

pathologiques : ramollissement cérébral, hémorragies méningées, péri-encéphalite diffuse etc. Nous ajouterons seulement ici que, dans la même mesure, on a vu s'élargir le cadre des affections nerveuses sans caractère anatomique, ou névroses. Au grand profit de la science et des malades, on y a vu successivement rentrer nombre de maladies regardées jadis comme l'expression de graves altérations de texture; exemple : les paralysies réflexes, les paralysies hystériques surtout, auxquelles on avait coutume d'opposer un traitement d'une cruelle et inutile énergie[1]; autre exemple : le délire dit *nerveux* et le délire épileptique[2], mis trop complaisamment sur le compte d'une inflammation du cerveau ou de ses membranes, etc.

Indiquons encore rapidement le rhumatisme noueux ou goutteux[3], les arthrites secondaires observées à la suite de la blennorrhagie[4], de la scarlatine[5] ou d'autres maladies; l'atrophie musculaire pro-

[1] BROWN-SEQUARD, *Principales formes de paralysie des membres inférieurs*, avec une introduction *Sur la physiologie des mouvements réflexes*, par le professeur ROUGET, Paris, 1864. — BRIQUET, *Traité clinique et thérapeutique de l'hystérie*, Paris, 1859. — MACARIO, *De la paralysie hystérique*. (*Ann. médico-psychologique*, 1844.) — MESNET, *Étude des paralysies hystériques*, thèse, Paris, 1852.

[2] BRIERRE DE BOISMONT, *Du délire aigu*. (*Mém. de l'Acad. de médecine*, 1845.) — COSSY, *Recherches sur le delire aigu des épileptiques*. (*Mém. de la Soc. méd. d'observation*, 1856.) — J. FALRET, *De l'état mental des épileptiques*. (*Archives de méd.* 1860 et 1861.)

[3] CHARCOT, *Études pour servir à l'histoire de l'affection décrite sous le nom de GOUTTE ASTHÉNIQUE PRIMITIVE*, etc. thèse, Paris, 1853. — TRASTOUR, *Du rhumatisme goutteux chez la femme*, thèse, Paris, 1853. — CORNIL, *Mém. sur les coïncidences pathologiques du rhumatisme articulaire chronique*. (*Gaz. méd.* 1864.) — TROUSSEAU, *Du rhumatisme noueux*, dans *Clinique médicale de l'Hôtel-Dieu*, Paris, 1865.

[4] ROLLET, *Nouvelles recherches sur le rhumatisme blennorrhagique*. (*Gaz. méd. de Lyon*, 1858.) — Alfred FOURNIER, article ARTHRITE BLENNORRHAGIQUE du *Nouveau Dict. de méd. et de chir. pratiques*, t. V, 1865. — GRISOLLE, *De l'arthrite blennorrhagique*. (*Gaz. des hôp.* 1866.) — *Bulletin de la Société méd. des hôpitaux de Paris*, 1866-1867 : discussion sur les accidents rhumatismaux dans le cours de la blennorrhagie, par MM. PETER, FOURNIER, GUÉNEAU DE MUSSY, PIDOUX, LORAIN, FÉRÉOL, HERVIEUX.

[5] TROUSSEAU, *Clinique médicale de l'Hôtel-Dieu*, Paris, 1861; 2e édit. 1865.

gressive[1]; la contracture des extrémités, ou *tétanie*[2]; les altérations diverses du sang, etc.

Dans ce catalogue, tout en ayant principalement en vue la médecine française, nous avons dû inscrire plusieurs maladies que les savants allemands et anglais ont eu le mérite d'isoler les premiers. Nous nous empressons de le reconnaître.

Mais nous devons dire aussi, pour prévenir toute équivoque, d'abord qu'au point de vue du nombre, les acquisitions nosologiques dues à la France forment un contingent respectable; puis, que la valeur de quelques-unes les place à un rang tout exceptionnel; et qu'enfin aujourd'hui les questions de priorité ont singulièrement perdu de leur intérêt. Dans le vaste chantier scientifique européen, bien des ouvriers peuvent revendiquer leur part de l'œuvre commune. L'un trouve, un autre démontre, ou généralise, ou répand la vérité; et quelquefois la vérité entrerait difficilement dans

[1] DUCHENNE (de Boulogne), *De l'électrisation localisée*, 1re édit. Paris, 1855. — ARAN, *Recherches sur une maladie non encore décrite du système musculaire.* (*Arch. de médecine*, 1850.) — THOUVENET, *De la paralysie musculaire atrophique*, thèse, Paris, 1851. — CRUVEILHIER, *Sur la paralysie musculaire progressive atrophique (découverte de la lésion des racines spinales antérieures)* (*Bull. de l'Acad. de médecine*, 1853); — *Sur la paralysie musculaire atrophique.* (*Arch. de méd.* 1856.) — L. DUMÉNIL, *Exposé historique et critique de nos connaissances actuelles sur la maladie appelée* ATROPHIE MUSCULAIRE GRAISSEUSE PROGRESSIVE. (*Union méd. de la Seine-Inférieure*, 1862 et 1863.) — JACCOUD, *Lésions des racines antérieures et du grand sympathique dans deux cas d'atrophie musculaire progressive.* (*Bull. et Mém. de la Soc. méd. des hôp. de Paris*, 1865.) — LABORDE, *De la paralysie dite* ESSENTIELLE *de l'enfance*, thèse, Paris, 1864.

[2] DANCE, *Observations sur une espèce de tétanos intermittent.* (*Arch. de méd.* 1830.) — L. TONNELÉ, *Mémoire sur une nouvelle maladie convulsive des enfants.* (*Gaz. méd. de Paris*, 1832.) — TESSIER et HERMEL, *De la contracture et de la paralysie idiopathiques.* (*J. de méd.* 1843.) — IMBERT-GOURBEYRE, *Contracture des extrémités*, thèse, Paris, 1844.) — HÉRARD, *Contracture des membres par accès.* (*Gaz. des hôpit.* 1845.) — DELPECH, *Des spasmes musculaires idiopathiques et de la paralysie nerveuse essentielle*, thèse, Paris, 1846. — L. CORVISART, *De la contracture des extrémités ou tétanie*, thèse, Paris, 1852. — RABAUD, *Recherches sur l'historique et les causes prochaines des contractures des extrémités*, thèse, Paris, 1857. — ARAN, *Note sur une épidémie de contractures essentielles.* (*Bull. de la Soc. méd. des hôpitaux de Paris*, 1855.)

la science sans ce travail complémentaire. De là un embarras, souvent très-grand, pour décider à qui appartient la découverte ou l'innovation, et si de la lumière qui nous éclaire et qui passe de main en main, nous sommes plus redevables au premier qui l'alluma ou au dernier qui nous l'apporte.

Pour la méthode qui a été suivie dans toutes ces recherches, nous n'avons sans doute aucune véritable réforme à signaler, mais seulement une application de plus en plus sincère de ces principes immuables qui, en eux-mêmes, n'ont jamais été contestés par aucune école médicale. Toutes semblent, en effet, poursuivre le même but et tiennent le même langage; toutes ne veulent-elles pas les faits recueillis avec exactitude, les rapports de ces faits déterminés d'après une sévère analyse, et ne font-elles pas figurer dans leur programme le culte du réel et le dédain des abstractions? Il n'est pas jusqu'aux systèmes les plus hasardés qui n'aient cru se conformer à cette règle. «Pas de médecine possible sans une connaissance approfondie de l'organisme et de ses fonctions.» Qui dit cela? La chimiatrie du XVIe siècle. — Et ceci : «Des faits tout nus plutôt qu'une hypothèse non démontrée?» Le vitalisme de Montpellier. — «Faites-moi comprendre, demande la doctrine de l'irritation, le cri confus des organes souffrants.» Et elle repousse avec ironie l'auscultation, qui vient faire de cette métaphore une splendide réalité.

Notre époque, ayant commencé par l'écroulement d'un système, semble avoir puisé dans ce spectacle une plus grande patience pour l'investigation, une plus sage lenteur à conclure. On l'accuse de manquer de philosophie, d'unité doctrinale, de vues d'ensemble, et il est très-vrai qu'elle est plus adonnée à la démonstration qu'à la systématisation, moins préoccupée des grandes lignes du monument à élever — c'est un soin qu'elle lègue à l'avenir — que du choix des matériaux dont se composera l'édifice. Mais on lui concédera au moins la bonne foi, l'impartialité avec laquelle elle sait en toutes choses accueillir le pour et le contre, le stoïcisme dont elle fait preuve envers les entraînements de l'ingénieux et du probable. N'a-t-elle pas osé, au grand récri des satisfaits, tout remettre en question, et, à deux mille ans de distance, reprendre sous une nouvelle forme le vieux procès de l'empirisme contre le dogmatisme des successeurs d'Hippocrate? Sa réserve, en matière de théorie, va jusqu'à la méfiance, tant elle a la mémoire des déceptions passées, et l'hypothèse lui semble toujours plus voisine de l'erreur que de la vérité. Tout en rendant hommage, plus qu'aucune autre époque peut-être, aux œuvres magistrales de l'antiquité[1], elle a l'ambition de tout contrôler par elle-même, de tout recommencer sur de nouveaux frais.

Cette crainte légitime, parfois peut-être excessive, de dépasser les résultats immédiats de l'observation a eu son expression historique, sa formule, dans la *Méthode numérique*[2]. Compter les faits en pathologie comme en thérapeutique, mettre des chiffres à la place d'appréciations où la mémoire peut intervenir avec ses complaisances ou ses lacunes, et qui échappent à toute vérification; de ces faits eux-mêmes compter les éléments, et fixer encore par des chiffres la fréquence ou la rareté des associations de phénomènes; arriver par cette voie aride à discerner ce que ces associations peuvent devoir à une coïncidence fortuite ou à une subordination nécessaire : telle est la tâche que la méthode numérique impose à ses adeptes. Cette introduction de la statistique dans l'étude des maladies et des médications devait soulever des objections sans nombre : on a fait ressortir l'inévitable dissemblance des unités qu'il s'agissait d'additionner; la nécessité d'accumuler des faits en quantité im-

[1] E. LITTRÉ, *Œuvres complètes d'HIPPOCRATE*, 10 vol. Paris, 1839-1862. — DAREMBERG, *Œuvres choisies d'HIPPOCRATE*, 2e édition, Paris, 1855; — *Œuvres de GALIEN* (en collaboration avec BUSSEMAKER), 2 vol. Paris, 1854-1856. — *Œuvres d'ORIBASE*, Paris, 1851-1862, 4 vol. — DES ÉTANGS, *CELSE, Traité de la médecine*, Paris, 1846. — R. BRIAU, *Chirurgie de PAUL D'ÉGINE*, Paris, 1855.

[2] LOUIS, *Généralités sur l'enseignement de la médecine*, thèse de concours, Paris, 1831. — J. GAVARRET, *Principes généraux de statistique médicale*, Paris, 1840.

mense avant d'être autorisé à tirer de leur comparaison une conclusion générale; l'impossibilité de faire des découvertes à l'aide d'un procédé qui semble bannir le raisonnement du domaine de la médecine, etc. objections faciles à réfuter, et qui n'expliqueraient pas l'espèce d'abandon où se trouve actuellement la méthode numérique, s'il n'y avait à cela d'autres motifs et plus puissants. Ces motifs il convient surtout de les chercher dans les progrès de la physiologie pathologique, dans les perspectives nouvelles que l'expérimentation ouvre aux intelligences. L'explication entrevue des phénomènes exerce sur elles d'autres séductions que les procédés lents et souvent ingrats de la statistique qui enregistre laborieusement les faits, et s'interdit de pénétrer le mécanisme intime de leur production. — Et toutefois la méthode numérique restera, en médecine, comme un moyen de vérification dont on ne se passera plus désormais, et elle aura eu le mérite d'ajouter à ces poids, dont, suivant le précepte baconien, l'esprit doit être muni pour ne pas s'élancer trop rapidement sur l'échelle de l'induction.

ART MÉDICAL.

Ainsi que nous l'avons dit déjà, en médecine, la science sans l'art n'existe que de nom. Depuis les plus humbles constatations jusqu'aux généralisations les plus osées, tout y converge vers l'application. La recherche du vrai n'y a d'autre but que la réalisation de l'utile, et, si l'on y perfectionne les doctrines, c'est afin d'améliorer la pratique. Ce que la science du médecin emprunte à la physico-chimie, l'aide qu'elle réclame de l'anatomie et de la physiologie comparée, les analogies que lui fournissent les maladies des animaux, ce que l'hygiène lui enseigne, ce que lui apprend la toxicologie, ce que lui révèle la tradition historique elle-même, elle veut tout faire aboutir à la guérison ou au soulagement de l'homme souffrant. La *Thérapeutique*, voilà le terme à atteindre, voilà aussi la consécration à acquérir; et c'est pourquoi les systèmes médicaux n'ont jamais tenu leur triomphe pour assuré à moins d'être entrés dans la pratique usuelle, d'y avoir fortement marqué leur empreinte, et d'avoir trouvé dans le clinicien un témoin, on pourrait dire un juge, favorable à leurs visées.

Cette fusion de la science pure et de la science appliquée, cette incessante réaction de l'une sur l'autre, sont ici caractéristiques; elles se rattachent trop directement au rôle social du médecin pour qu'on les rencontre au même degré ailleurs. Le médecin, quoi qu'il fasse, ne parvient pas à abstraire le savant de l'homme, et chez lui le souci du malade à soigner se mêle toujours à la contemplation de la maladie. Suivant les temps, suivant les écoles, suivant les individus, nous voyons l'une ou l'autre de ces préoccupations dominante ou dominée : il est des esprits qui rejettent comme oiseuse toute recherche scientifique, si elle ne conduit pas immédiatement à une médication nouvelle; il en est d'autres qui vont jusqu'à repousser l'observation thérapeutique la plus exacte, quand elle ne se présente pas avec le sceau de l'explication doctrinale! Que faut-il pour faire cesser ces oppositions? Il faut que la thérapeutique, qui a commencé à l'empirisme, s'achève en science; qu'entrant à son tour dans le mouvement ascendant où sont entraînées toutes les autres parties de la biologie, elle s'élève, elle aussi, du fait enregistré au fait interprété, puis enfin généralisé; qu'elle conquière, elle aussi, les principes qui donnent l'intelligence des phénomènes actuels et la prévision des phénomènes à venir. Mais une pareille thérapeutique ne peut se constituer que lentement; des siècles y suffisent à peine, et, aux époques de transition comme la nôtre, la base sur laquelle elle s'édifie par degrés ne peut être fournie que par une tradition de plus en plus éclairée, par un empirisme de plus en plus pénétré de rationalisme.

Avant de passer en revue les travaux entrepris dans cette voie, nous devons exposer succinctement ce qui a été fait dans cette autre partie de l'art médical, le *Diagnostic*, sans lequel la thérapeutique n'a ni raison d'être véritable, ni certitude, même approximative.

DIAGNOSTIC.

L'art de reconnaître les maladies, ou diagnostic, se compose de plusieurs parties distinctes. Il s'agit en premier lieu de relever toutes les lésions matérielles et fonctionnelles qui, à un moment quelconque, existent dans l'organisme malade, sauf ensuite à les relier à la cause évidente ou probable qui a présidé à leur manifestation; il faut enfin apprécier ce groupe de faits au point de vue de la marche ultérieure des accidents, de leur degré de curabilité, de l'opportunité de telle ou telle médication particulière. Le diagnostic, en d'autres termes, pour être complet, doit être triple : anatomo-physiologique, nosologique, thérapeutique. Ainsi compris, il conduit directement aux indications du traitement, et absorbe en lui le pronostic, puisque la prédiction de l'avenir ressort naturellement de la confrontation de ces données diverses. Ajoutons encore que ces données ne sauraient se résumer ni en un inventaire d'altérations morbides, ni dans un nom donné à une série de phénomènes; qu'il y faut encore faire entrer toutes les influences capables de modifier la maladie, telles que celles de l'individualité, de l'âge, du sexe, de la constitution, du climat, de l'épidémicité, etc. Dans l'impossibilité où nous sommes de rappeler les publications qui répondent à toutes les parties de ce vaste programme, nous nous bornerons à signaler les perfectionnements dont le *diagnostic anatomique* s'est enrichi de nos jours, convaincu que c'est là la première et la plus solide assise de la clinique.

Aucune époque plus que la nôtre n'a travaillé à établir fortement cette base de l'édifice médical, n'y a apporté plus de matériaux, ne s'est exposée davantage au reproche de négliger l'ensemble pour les détails. Un moment on a semblé craindre que la constatation des signes ne fît perdre de vue l'étude des maladies, que la pathologie ne s'abîmât dans la séméiologie. Mais la critique impartiale a dû s'arrêter devant les résultats considérables qui s'annonçaient de toute part. Ce n'était rien moins qu'une pathologie nouvelle qui surgissait. La refonte qu'avait commencée l'anatomie pathologique, le diagnostic l'achevait, en se faisant de plus en plus organique, en scrutant les tissus vivants par des procédés inoffensifs et cependant presque aussi sûrs que ceux mis en usage par l'anatomie elle-même. Un grand pas était fait vers cette diaphanéité de l'organisme, idéal de tous les cliniciens; du moins, la mise en œuvre des divers modes d'exploration physique dévoilait chaque jour des détails inattendus, dont la seule recherche eût provoqué autrefois un sourire d'incrédulité. Et quand ces détails eurent été recueillis en nombre suffisant, bien des opinions classiques se trouvèrent ébranlées ou renversées; bien des problèmes nouveaux, posés ou résolus. Disons donc quels sont ces moyens d'investigation auxquels est dû un changement si rapide.

C'est d'abord l'*Auscultation*, qui, appliquée aux organes respiratoires [1], révèle leur degré de perméabilité et leur densité accrue ou

[1] LAENNEC, *Mémoire sur l'auscultation à l'aide de divers instruments d'acoustique employés comme moyen d'exploration dans les maladies des viscères thoraciques, et particulièrement dans la phthisie pulmonaire*, lu à l'Académie royale des sciences, en juin 1818 (rapport de PORTAL, PELLETAN et PERCY, le 29 juin 1818); — *De l'auscultation médiate, ou traité du diagnostic des maladies des poumons et du cœur, fondé principalement sur ce nouveau mode d'exploration*, Paris, 1819; 2e édit. par l'auteur, Paris, 1826; 3e édit. par MÉRIADEC LAENNEC, Paris, 1831; 4e édit. par ANDRAL, Paris, 1837. — V. COLIN, *Des diverses méthodes d'exploration de la poitrine et de leur application au diagnostic de ses maladies*, thèse de doctorat, Paris, 1823; 2e édit. Paris, 1824. — ANDRAL, *Dictionnaire de méd. et de chirurgie pratiques*, article AUSCULTATION, t. III, Paris, 1829. — A. RACIBORSKI, *Nouveau manuel complet d'auscultation et de percussion, ou application de l'acoustique au diagnostic des maladies*, Paris, 1835; — *Nouveaux aperçus cliniques sur l'auscultation, tendant à simplifier cette méthode et à faciliter son étude.* (Journ. *l'Expérience*, 1840.) — HOURMANN, *Note sur un nouveau mode d'auscultation: autophonie.* (Journal *l'Expérience*, 1839.) — LERMINIER et ANDRAL, *Clinique médicale*, t. III et IV, Paris, 1840. — BARTH et ROGER, *Traité pratique d'auscultation*, 1re édit. Paris, 1840; 6e éd. Paris, 1865. — CHOMEL, *Éléments de pathologie générale*, Paris, 1817; 4e édit. Paris, 1856. — H. LANDOUZY, *Mémoires sur les procédés acoustiques de l'auscultation et sur un nouveau mode de stéthoscope, applicable aux études cliniques (le polyscope)*, Reims, 1841; — *Nouv. données sur le diagnostic de la pleurésie*, etc. (*Arch. gén. de méd.* 1856); — *De la valeur de l'égophonie dans la pleurésie.* (*Arch. gén. de méd.* 1861.) — ANDRY, *Manuel pratique de percussion et d'auscultation*, Paris, 1845. — RACLE, *Remarques sur certains phénomènes d'auscultation et sur la transmission des bruits produits dans la cavité thoracique* (*Arch. gén. de méd.* 1849); — *Traité de diagnostic médical*, 1855; 3e édit. Paris, 1864. — CULMANN, *De la consonnance et de ses rapports avec l'auscultation des voies respiratoires*, thèse de doctorat, Strasbourg, 1852. — BEAU, *Recherches sur la cause des bruits respiratoires perçus au moyen de l'auscultation* (*Arch. g. de méd.* 1834); — *Études théoriques et pratiques sur les différents bruits qui se produisent dans les voies respiratoires, tant à l'état sain qu'à l'état pathologique* (*Arch. gén. de méd.* 1840); — *Traité expérimental et clinique d'auscultation appliquée à l'étude des maladies du poumon et du cœur*, Paris, 1856. — HARDY et BÉHIER, *Traité de pathol. interne*, t. I: *Séméiologie*, Paris, 1846; 2e édit. Paris, 1858. — V. COLLONGUES, *De la dynamoscopie, ou nouveau système d'auscultation* (*C. R. de l'Acad. des sciences*, 1856); — *Traité de dynamoscopie, ou appréciation de la nature et de la gravité des maladies par l'auscultation des doigts*, Paris, 1862. — REYNAUD, *Sur le frottement pleurétique.* (*Journ. heb. de méd.* Paris, 1829.) — JAKSON, *Sur le bruit d'expiration prolongée.* (*Bull. de la Soc. méd. d'ob.* 1833; *Mém. de la Soc. méd. d'observ.* 1838.) — M. HIRTZ, *Recherches cliniques sur quelques points du diagnostic de la phthisie pulmonaire*, thèse de doctorat, Strasbourg,

diminuée, etc. C'est par elle que les renseignements les moins équivoques nous parviennent sur les changements que les plèvres, le parenchyme pulmonaire ou les bronches peuvent éprouver sous l'influence de la congestion, des phlegmasies, de la présence de produits accidentels ou de la dilatation anomale.

Appliquée aux bruits du cœur[1], l'auscultation nous apprend à

1836; — *Recherches sur quelques points du diagnostic de la pleurésie.* (*Arch. gén. de méd.* 1837, t. XIII.) — FOURNET, *Recherches cliniques sur l'auscultation des organes respiratoires*, Paris, 1839. — GRISOLLE, *Traité pratique de la pneumonie aux différents âges*, Paris, 1841; 2e édit. Paris, 1864. — LOUIS, *Recherches anatomo-pathologiques sur la phthisie pulmonaire*, Paris, 1825; 2e édition, Paris, 1843. — CASTELNAU, *Recherches sur la cause physique du tintement métallique ou râle amphorique.* (*Arch. gén. de méd.* 1841.) — MONNERET, *Sur le pneumothorax et les phénomènes acoustiques auxquels il donne lieu* (*Arch. gén. de méd.* 1851); — *Du bruit d'expiration et du souffle bronchique dans les épanchements de la plèvre.* (*Gaz. méd.* 1852.) — BARTHEZ et RILLIET, *Sur quelques phénomènes stéthoscopiques rarement observés dans la pleurésie chronique.* (*Bull. de la Soc. méd. des hôpitaux*, 1852; *Arch. gén. de méd.* 1853.) — BÉHIER, *Note sur un souffle amphorique observé dans deux cas de pleurésie purulente simple du côté droit.* (*Arch. de méd.* 1852.) — WOILLEZ, *De la congestion pulmonaire considérée comme élément habituel des maladies aiguës* (*Arch. gén. de méd.* 1854); — *Recherches cliniques sur la congestion pulmonaire.* (*Arch. gén. de médecine*, 1866.) — ARAN, *Sur un phénomène non encore décrit produit par la toux dans l'hydropneumothorax* (*Arch. gén. de méd.* 1856.) — TROUSSEAU, *Nouveau signe physique pathognomonique du pneumothorax* (bruit d'airain). (*Gaz. des hôpit.* 1857.) — PARROT, *Étude sur le râle crépitant*, thèse de doct. Paris, 1857. — BOURGADE, *Recherches pour servir au diagnostic du premier degré de la phthisie pulmonaire*; — *De la respiration saccadée.* (*Arch. gén. de méd.* 1858). — L. COLIN, *Valeur séméiotique et pronostique du frottement dans la pleurésie* (*Gaz. des hôpitaux*, 1862); — *Études cliniques de médecine militaire, observations et remarques, spécialement sur la tuberculisation aiguë et sur les affections des voies respiratoires*, Paris, 1864. — MOREL-LAVALLÉE, *Le bruit de moulin, signe nouveau et pathognomonique de l'hydropneumothorax.* (*Gaz. méd.* 1864.) — BOUDET, *Étude sur la respiration, recherches physiologiques sur le mécanisme des bruits respiratoires.* (*Gaz. hebd.* 1863.) — HÉRARD et CORNIL, *De la phthisie pulmonaire, étude anatomo-pathologique et clinique*, Paris, 1866.

[1] LAENNEC, *De l'auscultation médiate*, etc. Paris, 1819. — BOUILLAUD, *Diagnostic des anévrismes de l'aorte.* (*Thèses de Paris*, 1823.) — BERTIN et BOUILLAUD, *Traité des maladies du cœur et des gros vaisseaux*, Paris, 1826. — BOUILLAUD, *Traité clinique des maladies du cœur*, Paris, 1835; 2e édition, Paris, 1841. — PIGEAUX, *Mouvements du cœur et bruits qu'il fait entendre par l'auscultation* (*Journ. hebd.* 1830); — *Traité pratique sur les maladies du cœur*, Paris,

connaître l'existence des épanchements péricardiques, le rétrécissement des orifices ou l'inocclusion des valvules destinées à les fermer; elle nous indique le degré auquel ces lésions sont parvenues, le tout par la comparaison de l'état pathologique avec l'état normal, c'est-à-dire à l'aide du rapport qui peut être établi entre le bruit anomal que l'oreille perçoit et le moment où s'opère le passage direct ou récurrent du sang d'une cavité du cœur dans la cavité voisine. — C'est encore l'auscultation qui nous permet d'apprécier le degré d'amplitude des vaisseaux anévrismatiques, l'état lisse ou rugueux de leur paroi. — Partout où se rencontrent deux feuillets séreux (plèvre, péricarde, péritoine, synoviales), un bruit de frottement accuse pendant leur glissement le dépoli de leur surface ou la présence des pseudo-membranes qui s'y trouvent déposées. — Des bruits anomaux entendus sur le trajet des vaisseaux deviennent, dans certaines conditions, le signe de l'anémie avec prédominance du sérum et diminution de l'élément globulaire du sang[1].

1839. — Marc d'Espine, *Recherches expérimentales sur quelques-unes des bases qui doivent servir au diagnostic des maladies du cœur et de la circulation.* (*Arch. gén. de méd.* 1831.) — Rouanet, *Sur les bruits du cœur,* thèse, Paris, 1831; — *Nouvelle analyse des bruits du cœur,* Paris, 1841. — Beau, *Recherches sur quelques points de la séméiologie des affections du cœur* (*Arch. gén. de médecine,* 1839); — *Traité expérimental et clinique d'auscultation,* Paris, 1856. — Briquet, *Mém. sur le diagnostic du rétrécissement de l'orifice auriculo-ventriculaire gauche.* (*Arch. de méd.* 1836.) — Charcellay, *Mém. sur plusieurs cas remarquables de synchronisme des battements et des bruits des ventricules du cœur.* (*Arch. de méd.* 1838.) — Gendrin, *Leçons sur les maladies du cœur,* 1842; — *Mémoire sur le diagnostic des anévrismes des grosses artères.* (*Revue médic.* 1844.) — Aran, *Manuel pratique des maladies du cœur et des gros vaisseaux,* Paris, 1842; — *Recherches sur les signes et le diagnostic de l'insuffisance des valvules de l'aorte.* (*Arch. de méd.* 1842.) — Fauvel, *Mém. sur les signes stéthoscopiques du rétrécissement de l'orifice auriculo-ventriculaire gauche du cœur.* (*Arch. de méd.* 1843.) — Hérard, *Des signes stéthoscopiques du rétrécissement de l'orifice auriculo-ventriculaire, et spécialement du bruit du souffle au second temps.* (*Arch. de méd.* 1853.) — Duroziez, *Du double souffle intermittent crural comme signe de l'insuffisance aortique* (*Arch. de méd.* 1861); — *Essai sur les maladies du cœur;* — *Du rhythme pathognomonique du rétrécissement mitral.* (*Arch. de méd.* 1862.) — Marey, *Physiologie médicale de la circulation,* Paris, 1863. — Barth et Roger, *Traité pratique d'auscultation,* Paris, 1840; 6e édit. 1865.

[1] Bouillaud, *Traité clinique des maladies*

La *Percussion*[1], qui fournit principalement des sensations acoustiques et accessoirement des sensations tactiles, prend place à côté de l'auscultation, à laquelle elle dispute le premier rang, grâce aux perfectionnements qu'a su y apporter un maître zélé et convaincu entre tous. Elle permet, pour les organes normalement sonores, de constater la condensation morbide des tissus par l'étendue et la profondeur de la matité constatée; et, pour les organes pleins, d'en tracer le contour extérieur et d'en apprécier avec une exactitude surprenante toutes les dimensions (*plessimétrie*). Il est peu de parties qui échappent à ce moyen d'exploration, quand c'est une main habile qui l'emploie. La sonorité et la matité ne sont d'ailleurs pas les seules sensations que la percussion nous procure; il y faut ajouter le plus ou le moins de résistance élastique des organes. De la combinaison de ces signes entre eux et avec ceux que nous livre l'auscultation ressort souvent un diagnostic anatomique complet, qui pourrait presque se passer du contrôle des signes fonctionnels. — N'omettons pas de dire que c'est encore par une vibration particulière sous le doigt qui les percute, que les kystes hydatiques trahissent le plus sûrement leur présence[2].

du cœur, Paris, 1841. — VERNOIS, *Étude physiologique et clinique des bruits des artères*, thèse, Paris, 1837. — BEAU, *Recherches sur les causes des bruits anomaux des artères*. (*Arch. de méd.* 1838.) — LA HARPE, *Nouvelles recherches sur le bruit de soufflet des artères*. (*Arch. de méd.* 1838.) — MONNERET, *Étude sur les bruits vasculaires et cardiaques*. (*Union médicale*, 1849.) — CHAUVEAU, *Sur le mécanisme des bruits de souffle vasculaires*. (*Journal de la physiologie de l'homme et des animaux*, 1860.) — PARROT, *Étude sur le siége, le mécanisme et la valeur séméiologique des murmures vasculaires*, etc. (*Arch. de méd.* 1867.)

[1] PIORRY, *De la percussion médiate*, Paris, 1827; — *Traité de plessimétrisme et d'organographisme*, Paris, 1866. — MAILLOT, *Traité pratique de percussion*, Paris, 1843. — ANDRY, *Manuel pratique d'auscultation et de percussion*, Paris, 1845. — WOILLEZ, *Études sur les bruits de percussion thoracique* (*Arch. gén. de médecine*, 1855); — *Nouvelles études sur les bruits de percussion thoracique*. (*Arch. gén. de méd.* 1856.)

[2] PIORRY, *De la percussion médiate*, Paris, 1827. — BRIANÇON, *Essai sur le diagnostic et le traitement des acéphalocystes*, thèse de doctorat, Paris, 1828. — TARRAL, même sujet. (*Journal hebdomad.* 1830.) — DAVAINE, *Traité des entozoaires*, Paris, 1860.

La *Mensuration*[1] est un autre procédé, d'une application moins générale, et toutefois fort utile, surtout quand on l'associe aux précédents. Par elle nous apprécions l'ampliation ou le retrait des cavités splanchniques. Avec le *Cyrtomètre*[2] on peut mesurer les dilatations partielles de la poitrine, alors même que, compensées par des rétractions proportionnelles, elles n'altèrent pas sensiblement la capacité générale du thorax.

Il suffira de mentionner les résultats du *Palper* et du *Toucher*, moyens usités de tout temps, mais dont les cliniciens savent tirer aujourd'hui un plus grand parti qu'autrefois, soit en raison de l'habitude prise d'y recourir plus souvent, soit à cause de la combinaison de ces moyens avec les autres modes d'examen. — Nous nous bornons également à rappeler la *Pression* comme moyen d'exploration des nerfs dans les cas de névralgie[3], et l'*Électrisation* appliquée aux muscles dans le but d'en constater la contractilité conservée ou affaiblie[4]. — Ce qui nous arrêtera davantage, ce sont les procédés qui font intervenir l'*inspection directe* des parties dans l'examen clinique. Avec le *speculum uteri* on *voit* les parois du vagin et le museau de tanche; avec le *speculum ani*, la muqueuse du rectum; avec le *speculum auris*, le fond du conduit auditif. Le miroir laryngien place, en quelque sorte, sous les yeux de l'obser-

[1] Lélut, *Du développement du crâne considéré dans ses rapports avec l'intelligence.* (*Gaz. méd.* 1837.) — Corbin, *Recherches sur la mensuration de la poitrine.* (*Gaz. méd.* 1838.) — Woillez, *Recherches pratiques sur l'inspection et la mensuration de la poitrine*, Paris, 1838; — *Recherches sur les variations de la capacité thoracique dans les maladies aiguës* (*Mém. de la Société méd. d'observation*, t. III, 1856); — *De la congestion pulmonaire.* (*Arch. de médecine*, 1854 et 1866.)

[2] Woillez, *Note sur un nouveau procédé de mensuration de la poitrine* (*Bullet. de l'Acad. de méd.* 1857); — *Recherches cliniques sur l'emploi d'un nouveau procédé de mensuration dans la pleurésie* (*Rec. de la Soc. méd. d'observation*, t. I, 1857); — *De la congestion pulmonaire.* (*Arch. de méd.* 1854 et 1866.)

[3] Valleix, *Traité des névralgies*, Paris, 1841.

[4] Duchenne (de Boulogne), *De l'électrisation localisée*, Paris, 1855; 2e édit. Paris, 1861.

vateur les arrière-narines, l'orifice supérieur du larynx, la glotte, et jusqu'à la bifurcation des bronches[1]. Les appareils enregistreurs (sphygmographe[2], cardiographe[3], myographe[4]) mettent les organes eux-mêmes en demeure de tracer : les artères et le cœur, leurs mouvements alternatifs de diastole et de systole; les muscles, leurs secousses. L'examen physique et chimique des produits de sécrétion nous dévoile l'état matériel et le mode de fonctionnement des organes sécréteurs. Au besoin, une goutte de sang, de mucus, de pus, etc., mise sur le porte-objet du microscope, nous montre la composition élémentaire de ces liquides, etc.[5]

On comprend, sans que nous y insistions davantage, la valeur de semblables constatations : c'est le fait mis à la place de l'induction; c'est la limite effacée entre les maladies externes et internes; c'est le diagnostic médical acquérant la simplicité et la certitude du diagnostic chirurgical.

THÉRAPEUTIQUE.

Fort d'une connaissance plus précise de l'état organique, le médecin aborde avec moins d'appréhension la partie essentielle-

[1] Voir la note 1 de la page 21.

[2] Marey, *Recherches sur l'état de la circulation d'après les caractères du pouls, fournis par un nouveau sphygmographe* (*Journal de la physiologie de l'homme et des animaux*, t. III, 1860); — *De l'emploi du sphygmographe dans le diagnostic des affections valvulaires du cœur et des anévrismes des artères* (*C. R. de l'Acad. des sciences*, 1860); — *Physiologie médicale de la circulation du sang*, Paris, 1863.

[3] Chauveau et Marey, *Détermination graphique des rapports du choc du cœur avec les mouvements des oreillettes et des ventricules* (*C. R. des séances de l'Acad. des sciences*, 1862); — *Appareils et expériences cardiographiques*, etc. (*Mém. de l'Acad. de méd.* 1863.) — Marey, *Physiologie médicale de la circulation*, Paris, 1863; — *Caractères graphiques du battement du cœur chez l'homme et chez diverses espèces animales.* (*Journ. de l'anat. et de la physiol.* 1865.)

[4] Marey, *Études graphiques sur la nature de la contraction musculaire.* (*Journ. de l'anat. et de la phys. normales et pathologiques*, 1866.)

[5] Nous ne parlerons ici ni de l'*Ophthalmoscope*, ni de l'*Endoscope*, pour lesquels nous renvoyons au compte rendu des Progrès de la Chirurgie.

ment pratique de son art : le traitement des malades. Et, il importe d'insister sur ce point, sans un diagnostic bien assis le traitement lui-même ne sait où se prendre. On voudrait à tort revenir aux anciens errements et suppléer à une information détaillée par la seule observation des symptômes généraux, tels que la fièvre, la faiblesse, l'état congestif, l'irritabilité nerveuse, etc. Ce serait, le plus souvent, s'exposer à faire fausse route ou à n'apercevoir même pas le but vers lequel on veut se diriger.

« Une maladie étant donnée, trouver le remède. » C'est dans cet énoncé qu'un médecin du XVIIIe siècle faisait tenir le problème médical tout entier : après la pathologie, la thérapeutique. Mais cette dernière ne consiste point, comme on le croit trop généralement, à connaître le plus grand nombre possible de spécifiques, et le progrès n'est pas dans l'allongement de la liste des formules mise en regard de la liste des maladies; il est dans la solution de plus en plus rationnelle donnée à des questions nombreuses et complexes, telles que les suivantes :

Y a-t-il lieu de s'abstenir ou d'agir? dans quels cas? à quel moment? dans quelle mesure? (*Indications.*)

Si l'action est nécessaire, quels moyens méritent la préférence? (*Médication.*)

Comment ces moyens devront-ils être appliqués pour que leur influence soit à la fois plus prompte et plus sûre? (*Médicamentation.*)

Il n'entre pas dans notre dessein d'énumérer tous les travaux relatifs à ces questions; rappelons au moins la direction dans laquelle ils ont été conçus et l'esprit qui y a présidé.

Relativement aux indications thérapeutiques, il est une notion fondamentale qu'on retrouve plus ou moins explicitement formulée chez les médecins de toutes les époques, mais dont les conséquences n'ont été, on peut le dire, largement et sincèrement déduites que depuis peu : c'est la notion de la marche naturelle des maladies, de la tendance inhérente à un grand nombre d'entre elles à guérir d'elles-mêmes, par les seules ressources de l'organisme. Jadis on dissertait beaucoup sur les opérations intelligentes de la *nature médicatrice;* mais, tout en célébrant ses bienfaits, on ne laissait pas de lui venir en aide avec les remèdes les plus violents. Aujourd'hui on la constate simplement, on l'étudie de plus près, on la respecte davantage. Laisser guérir est une des conquêtes de la médecine contemporaine. L'*expectation* est devenue la règle dans les maladies, principalement dans les maladies aiguës, qui marchent d'elles-mêmes vers une issue favorable[1]; là point de médication proprement dite, mais seulement une hygiène appropriée. On s'abstient également dans le cas d'incurabilité avérée, où un traitement actif ne ferait qu'aggraver une situation compromise et hâter une terminaison prévue. Mais cette réserve n'exclut pas la hardiesse, et à ceux qui seraient tentés de faire à la thérapeutique actuelle le reproche de timidité, elle opposerait victorieusement l'emploi, devenu journalier, de substances dont nos devanciers redoutaient le contact, et l'énergie avec laquelle elle porte directement le médicament sur des parties vivantes jugées autrefois inaccessibles.

Elle agit moins, parce qu'elle veut agir à bon escient et connaître d'avance le résultat.

Quant aux motifs qui décident de son intervention, ils sont de divers ordres. Tantôt, empiétant sur le domaine de la chirurgie, elle écarte un obstacle qui s'oppose mécaniquement au jeu des organes, comme lorsqu'un épanchement comprime le poumon[2] ou

[1] Charcot, *De l'expectation en médecine*, thèse d'agrég. Paris, 1857. — Doyen, *Essai sur l'expectation*, thèse, Paris, 1858. — Barthez, *Des résultats obtenus dans le traitement de la pneumonie des enfants.* (*Bull. de l'Acad. de méd.* 1862.) — Faure, *De l'expectation et du régime dans les maladies aiguës des enfants*, thèse, Paris, 1866.

[2] Trousseau, *De la paracentèse de la poitrine* (*Journal de médecine*, 1843-1844); — *Clinique médicale de l'Hôtel-Dieu*, 1860, t. I; 2e édit. 1865. — Lacaze-Duthiers, *De la paracentèse de la poitrine et des épanchements pleurétiques qui nécessitent son emploi*, thèse, Paris, 1851. — Pidoux, *Du pronostic de la pleurésie latente et des indications de la thoracentèse.* (*Actes de la Soc. médic. des hôpitaux*, 1850.) — Marrotte,

qu'une fausse membrane croupale obstrue le larynx[1]; — tantôt elle s'efforce de rétablir les conditions chimiques nécessaires à l'accomplissement des fonctions, et c'est ainsi qu'elle ajoute la pepsine aux aliments pour en assurer la digestion[2]; — tantôt encore elle tâche de suppléer par un agent physique, tel que l'électricité, au stimulant vital qui fait défaut aux nerfs ou aux muscles[3], etc. Partout et toujours elle emprunte ses indications à l'anatomie et à la physiologie pathologique, et, autant que possible, substitue les données scientifiques à la tradition, l'expérimentation à l'empirisme. Non que l'héritage des temps passés soit dédaigné par elle, loin de là; seulement, tout en n'en laissant rien perdre, la thérapeutique se trouve engagée dans une voie différente et aspire à sortir du provisoire. Elle vise moins encore à trouver des agents nouveaux qu'à mieux utiliser ceux qu'elle possède déjà.

Ces agents, que les siècles nous ont légués, et dont le nombre s'accroît de jour en jour, sont principalement empruntés les uns à l'hygiène, les autres à la pharmacie.

L'hygiène, réduite il y a peu de temps encore à être un simple

De la paracentèse du thorax. (*Arch. de méd.* 1854.) — ARCHAMBAULT, *De l'opportunité de la thoracentèse dans les épanchements aigus.* (*Union médic.* 1864.) — SIREDEY, *Des indications et contre-indications de la thoracentèse dans les diverses espèces d'épanchements.* (*Arch. de méd.* 1864.) — *Bulletin de la Soc. médic. des hôpitaux : Discussion* en 1849, 1850, 1854, 1861, 1864.

[1] BRETONNEAU, *Des inflammations spéciales des tissus muqueux et en particulier de la diphthérite ou inflammation pelliculaire connue sous le nom de* CROUP, *d'*ANGINE MALIGNE, *d'*ANGINE GANGRÉNEUSE, etc. Paris, 1826. — TROUSSEAU, *Journal des connaissances médico-chirurgicales*, 1833-1834; — *Clinique médicale de l'Hôtel-Dieu*, 1861; 2e édit. 1865. — MILLARD, *De la trachéotomie dans les cas de croup*, thèse, Paris, 1858. — GUERSANT, *Notices sur la chirurgie des enfants*, Paris, 1864-1867. — *Bulletin de la Soc. médic. des hôpitaux : Discussions*, 1858-1867. — OBÉDÉNARE, *De la trachéotomie dans l'œdème de la glotte*, thèse, Paris, 1866.

[2] L. CORVISART, *De l'emploi des poudres nutrimentives (pepsine acidifiée); ressources qu'elles offrent à la médecine pratique.* (*Bulletin général de thérapeutique*, 1854.

[3] DUCHENNE (de Boulogne), *De l'électrisation localisée*, Paris, 1855; 2e édit. Paris, 1861. — TRIPIER, *Manuel d'électrothérapie*, Paris. 1861.

adjuvant de la pharmacie, occupe enfin dans la thérapeutique le rang qui lui est dû. On sait mieux aujourd'hui quelles ressources offre le climat dans le traitement des maladies[1], — quelles sont l'importance de l'alimentation et son action quelquefois toute spéciale (par exemple, dans le diabète)[2], — quels services peut rendre la gymnastique pour prévenir ou guérir les maladies[3]. Enfin l'hydrothérapie[4], ce remède par excellence de tant d'affections chroniques, remède que la France a emprunté à l'Allemagne, mais pour en régler et pour en perfectionner l'emploi, l'hydrothérapie elle-même n'est-elle pas née d'une sorte de réaction contre la pharmacie?

Cependant c'est encore cette dernière qui fournit au médecin la plupart des moyens et les plus actifs parmi ceux qu'il emploie. Elle les lui livre en plus grand nombre qu'autrefois : un simple coup d'œil sur les pharmacopées publiées dans ces dernières années suffit

[1] Fuster, *Des maladies de la France*, etc. Montpellier et Paris, 1840. — Barth, *Notice topographique et médicale sur la ville d'Hyères*, Paris, 1846. — Rochard, *De l'influence de la navigation et des pays chauds sur la marche de la phthisie pulmonaire.* (*Mém. de l'Acad. de médecine*, 1856.) — Carrière, *Le climat de l'Italie sous le rapport hygiénique et médical*, Paris, 1849. — Pietra-Santa, *Du climat d'Alger dans les affections chroniques de la poitrine*, Paris, 1861 ; — *Essai de climatologie théorique et pratique*, Paris, 1864. — Schnepp, *Du climat de l'Égypte, de sa valeur dans les affections de poitrine*, etc. Paris, 1862. — Th. Valcourt, *Climatologie des stations hivernales, des stations du midi de la France*, Paris, 1865. — Jourdanet, *Le Mexique et l'Amérique tropicale; climats, hygiène et maladies*, Paris, 1864.

[2] Bouchardat, *Mémoire sur la nature du diabète sucré et sur son traitement* (*Revue médicale* 1838) ; — *Du diabète sucré ou glycosurie ; son traitement hygiénique.* (*Mémoires de l'Académie de médecine*, 1851) ; — *Annuaire de thérapeutique*, 1865. — Mialhe, *Comptes rendus des séances de l'Académie des sciences*, 1844 ; — *Chimie appliquée à la physiologie*, etc. Paris, 1856. — Fonssagrives, *Hygiène alimentaire des malades*, Paris, 1867.

[3] Blache, *Du traitement de la chorée par la gymnastique.* (*Mémoires de l'Académie de médecine*, 1855.) — Bouvier, *Rapport sur le mémoire de M. Blache.* (*Bulletin de l'Académie de médecine*, t. XXI, 1855.) — Laisné, *Application de la gymnastique à la guérison de quelques maladies*, Paris, 1865.

[4] Schedel, *Examen clinique de l'hydrothérapie*, Paris, 1835. — Scoutetten, *De l'eau sous le rapport hygiénique et médical, ou de l'hydrothérapie*, Paris, 1843. — Fleury, *Traité thérapeutique et clinique d'hydrothérapie*, Paris, 1852 ; 3e édition, Paris, 1866.

pour s'en convaincre[1]; et, en même temps, elle sait les préparer de manière à en assurer l'action et en accroître l'énergie.

L'étude d'un agent pharmaceutique comprend plusieurs points bien distincts : 1° la connaissance du médicament en lui-même, et 2° celle de son mode d'action sur l'économie, action tantôt directe et topique, tantôt éloignée, consécutive à l'absorption ; 3° dans ce dernier cas il y faut ajouter la connaissance des voies par lesquelles le médicament pénètre dans l'organisme, des modifications qu'il y provoque ou subit, des parties par lesquelles il s'élimine. Un mot sur chacun de ces points.

Nous dirons peu de chose des médicaments en eux-mêmes. Il était facile de prédire que la pharmacologie, une des premières, tirerait profit des progrès de la chimie. C'est ce qui nous a valu dans certaines parties de la matière médicale une heureuse simplification. Ainsi, pour citer les exemples les plus saillants, quand elle eut tiré du quinquina, de l'opium, de la fève de Saint-Ignace, etc. ces corps alcaloïdes cristallisables qui s'appellent quinine, cinchonine, morphine, codéine, strychnine, brucine[2], etc. ; — quand elle eut isolé, même sous une forme moins définitive, le principe actif

[1] BOUCHARDAT, *Annuaire de thérapeutique, de matière médicale, de pharmacie et de toxicologie*, 26 vol. 1840-1866. — HENRY et GUIBOURT, *Pharmacopée raisonnée*, Paris, 1847. — REVEIL, *Annuaire pharmaceutique*, 5 vol. 1863-1867.

[2] BRIQUET, *Traité thérapeutique du quinquina et de ses préparations*, Paris, 1853. — MOUTARD-MARTIN, *Mémoire sur la valeur du sulfate de cinchonine dans le traitement des fièvres intermittentes.* (*Mémoires de l'Académie de méd.* 1860.) — SANDRAS, *Recherches sur les propriétés thérapeutiques de la morphine.* (*Gazette médicale*, 1830.) — AUBERGIER, *De la culture du pavot en France pour la récolte de l'opium.* (*Mémoires de l'Académie de médecine*, 1855.) — BARBIER, *Note sur la codéine employée à l'intérieur et à l'extérieur.* (*Bulletin de thérapeutique*, 1834.) — PELLETIER et CAVENTOU, *Mémoire sur la strychnine.* (*Annales de chimie et de physique*, 1818.) — FOUQUIER, *Mémoire sur l'usage de la noix vomique dans le traitement de la paralysie.* (*Bulletin de la Société de médecine de Paris*, 1818.) — ANDRAL, *Des propriétés thérapeutiques de la strychnine et de la brucine.* (*Journal de physiologie de Magendie*, 1823.) — BRICHETEAU, *Emploi de la brucine dans les paralysies.* (*Bulletin de thérapeutique*, 1845, 1846, 1848 et 1850.) — LEPELLETIER, *Sur les effets physiologiques et thérapeutiques de la brucine.* (*Bulletin de thérapeutique*, 1851.)

d'autres médicaments, comme elle a fait pour la digitaline[1], — la chimie a proprement livré aux praticiens ces *quintessences*, que l'iatrochimie du XVIe et du XVIIe siècle n'entrevoyait que dans ses rêveries les plus téméraires. Ces éléments significatifs des médicaments, agissant à dose incomparablement plus faible que les substances dont ils proviennent (sans qu'il faille néanmoins pousser l'atténuation jusqu'à ce degré infinitésimal où les propriétés de la matière s'évanouissent avec la matière elle-même), étant plus faciles à administrer et à mesurer, conduisent à des résultats moins aléatoires, plus comparables. Il en a été de même pour le tannin extrait des plantes astringentes, de l'iode et des iodures que renferment les plantes marines[2], etc. — Il s'en faut cependant que cette réforme puisse être acceptée sans réserve. N'avons-nous pas vu tout dernièrement les éléments réputés inertes du pavot, tels que la narcéine[3], révéler des propriétés médicamenteuses jusque-là dédaignées? N'avons-nous pas assisté à la découverte successive de bien des corps contenus dans les eaux minérales naturelles[4], auxquelles on

[1] Homolle et Quevenne, *Mémoire sur la digitaline et la digitale*, Paris, 1854. — Legroux, *Étude physiologique et thérapeutique de la digitale*, thèse, Paris, 1867.

[2] H. F. Gautlier de Claubry, *Recherches sur l'existence de l'iode dans l'eau de la mer et dans les plantes qui produisent la soude de varech*, thèse, Paris, 1815. — Gimelle, *Mémoire sur l'emploi de l'iode dans plusieurs maladies*. (*Revue médicale*, t. VI, 1821.) — Lugol, *Mémoires sur l'emploi de l'iode dans les maladies scrofuleuses*, Paris, 1829, 1830, 1831. — Ricord, *Bulletin général de thérapeutique*, 1837, et *Gazette des hôpitaux*, 1839. — Trousseau et Pidoux, *Traité de thérapeutique et de matière médicale*, 1841. — Boinet, *Iodothérapie ou de l'emploi médico-chirurgical de l'iode et de ses composés*, Paris, 1855; 2e édit. Paris, 1866.

[3] Cl. Bernard, *Recherches expérimentales sur l'opium et ses alcaloïdes*. (*Comptes rendus des séances de l'Acad. des sciences*, 1864.) — Béhier, *Introduction à l'histoire clinique de la narcéine*. (*Bulletin de thérapeutique*, 1864.) — Laborde, *Études sur les effets physiologiques de la narcéine*, etc. (*Bulletin de thérapeutique*, 1865.) — Liné, *Études sur la narcéine et son emploi thérapeutique*, thèse, Paris, 1866.

[4] Durand-Fardel, *Traité thérapeutique des eaux minérales de France et de l'étranger*, Paris, 1857. — Durand-Fardel, Lebret, Lefort et François, *Dictionnaire général des eaux minérales et d'hydrologie médicale*, Paris, 1860. — A. Rotureau, *Des principales eaux minérales de l'Europe*, Paris, 1864; — *Ann. de la Société d'hy-*

avait cru pouvoir donner pour succédané une solution acidule ou alcaline artificielle? Enfin, l'action essentiellement chimique de ces eaux n'a-t-elle pas elle-même été mise en doute, et n'a-t-on pas indiqué leurs propriétés électriques comme prévalant dans l'influence qu'elles exercent sur l'organisme[1]?

Il y a là autant de motifs pour nous rendre circonspects, chaque fois qu'il s'agira d'établir l'équivalence d'un radical isolé par l'analyse, et d'un médicament, fût-il hétérogène et informe, que nous fournit la nature.

Si la thérapeutique trouve dans la chimie un auxiliaire indispensable, si elle lui doit de connaître l'exacte composition des substances qu'elle met en œuvre, en revanche presque tout ce qui concerne le mode d'action du médicament sur les tissus vivants rentre dans le domaine de la biologie proprement dite, s'étudie par d'autres méthodes, se résout d'après des principes différents[2]. La médecine, devenue d'autant plus sévère qu'elle est moins ambitieuse, ayant renoncé aux systèmes, mais pour s'attacher à une méthode, s'inquiète médiocrement de savoir si tel ou tel médicament plaide en faveur de l'humorisme ou du solidisme, s'il s'adresse au principe vital ou à la substance organique, etc. Ce qu'on cherche à déterminer, c'est si cette action est réelle, comment le corps à l'état de santé se comporte sous son influence (*action physiologique des médicaments*), ou, si le médicament est mis en usage dans une maladie, comment il modifie les états morbides existants (*action thérapeutique*). A toutes ces questions l'expérience peut seule répondre. Aussi est-ce l'expérience seule que l'on interroge, sans parti pris

drologie, 12 vol. 1854-1866. — C. JAMES, *Guide aux eaux minérales*, 3e édit. Paris, 1855.

[1] SCOUTETTEN, *De l'électricité considérée comme cause principale de l'action des eaux minérales sur l'organisme*, Paris, 1864.

[2] TROUSSEAU et PIDOUX, *Traité de thérapeutique et de matière médicale*, 1836; 7e édit. 1862. — Cl. BERNARD, *Recherches expérimentales sur l'opium et ses alcaloïdes.* (*Comptes rendus des séances de l'Académie des sciences*, 1864.)

doctrinal, en se laissant guider, mais nullement dominer, par toutes les présomptions que suggèrent tantôt la composition chimique du médicament, tantôt l'action de quelque substance analogue, tantôt la connaissance des conditions physiologiques elles-mêmes qui paraissent fournir les principales indications du traitement. Ces présomptions, pour être classées parmi les erreurs ou les vérités, réclament avant tout le contrôle de l'observation.

Or ici on peut procéder de deux manières différentes : on peut étudier les phénomènes qui s'offrent d'eux-mêmes à l'analyse, c'est l'*observation* proprement dite; on peut aussi provoquer artificiellement ces phénomènes, et alors l'observation prend le nom d'*expérimentation*[1]. Sous cette seconde forme, elle a l'avantage de pouvoir scinder des ensembles de faits complexes et de marquer plus nettement la part de chacun de leurs éléments. Elle fait la preuve de l'observation, et, à son tour, lui livre souvent des inconnues nouvelles à dégager. L'accord absolu de l'expérimentation et de l'observation, à supposer qu'il se réalise jamais, entraînerait le plus haut degré de certitude, celui que la synthèse chimique apporte aux résultats de l'analyse.

Mais, avant de pouvoir étudier l'action d'une substance médicamenteuse quelconque, il est indispensable que tout d'abord le contact soit assuré entre elle et les parties qu'on se propose de modifier. Cette rencontre est forcée quand il s'agit d'une médication topique et, pour ainsi dire, chirurgicale. Encore doit-on savoir gré à ceux qui ont élargi le champ de la thérapeutique locale, soit par l'invention de procédés propres à faire pénétrer les médicaments plus loin et plus directement dans les organes malades[2], soit par

[1] Cl. Bernard, *Sur les effets des substances toxiques et médicamenteuses*, Paris, 1857; — *Introduction à la médecine expérimentale*, Paris, 1865.

[2] Lembert, *Essai sur la méthode endermique*, Paris, 1828. — Lafargue, *Inoculation de la morphine* (*Bulletin de l'Académie de médecine*, t. I, 1836); — *Inoculation hydrodermique par enchevillement de substances actives, telles que le sulfate d'atropine, le chlorhydrate de morphine*, etc. (*Bulletin de thérapeutique*, 1861.) — Hayem, *Consi-*

l'élévation de la dose, pour les substances auxquelles un long parcours enlève une grande partie de leur efficacité[1]. Mais le contact du médicament avec l'intimité des tissus est sujet à bien des hasards, quand on le confie à l'absorption, et surtout à l'absorption gastro-intestinale : rejet immédiat, altération par les sucs digestifs, qui va parfois jusqu'à changer la nature du médicament[2], inégale activité de l'absorption, — que de circonstances peuvent le faire échouer !

Aussi faut-il être en garde contre ces nombreuses causes d'erreur, et doit-on applaudir aux efforts qui ont été tentés pour faire agir la muqueuse respiratoire de préférence à la muqueuse digestive. C'est là une voie d'introduction rapide pour les médicaments qui peuvent être administrés sous la forme de gaz, de vapeurs ou de poussière liquide fine. Les injections hypodermiques sont encore une ressource précieuse : elles cumulent l'avantage d'une absorption certaine avec ceux d'une action presque directe, et sont doublement utiles, soit qu'il faille faire pénétrer promptement une substance destinée à des parties éloignées, soit qu'on se propose d'agir au plus près d'un organe, et principalement d'un nerf affecté d'exaltation ou d'inertie fonctionnelle (névralgies, paralysies).

dérations générales sur l'inoculation appliquée à la thérapeutique, et principalement sur l'inoculation des sels de morphine, thèse, Paris, 1850. — Sales-Girons, *Thérapeutique respiratoire*, Paris, 1858 ; — *Traitement de la phthisie pulmonaire par l'inhalation de liquides pulvérisés*, etc. Paris, 1860. — Béhier, *Emploi des injections médicamenteuses sous-cutanées dans le traitement des névralgies et d'autres affections* (*Union médicale*, 1859) ; — *Empoisonnement par le sulfate d'atropine.* (*Union médicale*, 1863.) — Gaudry, *Des injections médicamenteuses sous-cutanées, et plus spécialement du sulfate d'atropine dans les névralgies*, thèse, Paris, 1863. — Baudot, *Voies d'introduction des médicaments*, thèse d'agrégation, Paris, 1866. — Jousset (de Bellesme), *De la méthode hypodermique et de la pratique des injections sous-cutanées*, thèse, Paris, 1865. — Dodeuil, *Traitement du rhumatisme articulaire par les injections sous-cutanées de sulfate de quinine.* (*Bulletin de thérapeutique*, 1865.)

[1] Monneret, *De l'emploi du sous-nitrate de bismuth à haute dose dans le traitement des affections gastro-intestinales* (*Gazette médicale*, 1849) ; — *Du sous-nitrate de bismuth à haute dose dans différentes maladies.* (*Bulletin général de thérapeutique*, 1850 et 1854.)

[2] Mialhe, *Chimie appliquée à la physiologie et à la thérapeutique*, Paris, 1856.

Le médicament, une fois pris par l'absorption, parcourra l'organisme, pour, en définitive, aboutir à une surface qui l'éliminera. C'est pendant ce séjour et pendant ce départ qu'il exercera son action modificatrice. Difficile à suivre, sinon à la trace de ses effets, pendant le trajet qu'il accomplit, il est plus aisé à saisir au moment où les tissus le rejettent de leur sein. De là l'intérêt qui s'attache à ces surfaces d'élimination, voies spéciales, électives pour la plupart des médicaments, les uns sortant de l'économie avec les produits de la sécrétion sudorale, les autres avec ceux des sécrétions urinaire, salivaire, biliaire [1], etc. Cette dernière circonstance est importante : elle donne un sens physiologique aux vieilles dénominations de médicament *hydragogue*, *cholégogue*, etc. De plus, elle conduit à conjecturer l'utilité probable d'une substance, d'après la connaissance de la surface organique qui lui sert plus spécialement d'issue. C'est ainsi que le chlorate de potasse a été employé avec succès contre diverses affections de la muqueuse buccale, quand on eut constaté l'élimination abondante de ce médicament par la salive [2].

Pour ce qui est des modifications matérielles ou fonctionnelles que provoque dans l'économie la présence durable ou passagère des médicaments, elles sont trop multiples, trop diverses, pour se

[1] Melzens, *Mémoire sur l'emploi de l'iodure de potassium pour combattre les affections saturnines et mercurielles.* (*Annales de chimie et de physique*, 1849.) — Briquet, *Traité thérapeutique du quinquina et de ses préparations*, Paris, 1853. — Isambert, *Études chimiques, physiologiques et cliniques sur l'emploi thérapeutique du chlorate de potasse*, Paris, 1856. — Bergeron et Lematre, *De l'élimination des médicaments par la sueur.* (*Arch. de méd.* 1864.) — Boinet, *De l'iodothérapie*, Paris, 1855; 2e édition, Paris, 1865.

[2] Blache, *Nouvelles observations sur l'emploi du chlorate de potasse dans le traitement de la stomatite mercurielle.* (*Bull. de thérap.* 1855.) — Bergeron, *Note sur l'emploi du chlorate de potasse dans le traitement de la stomatite ulcéreuse*, Paris, 1855. — Laborde, *De l'emploi du chlorate de potasse comme moyen préservatif et curatif de la stomatite mercurielle.* (*Bulletin de thérap.* 1858.) — Bergeron, *Coup d'œil sur l'emploi du chlorate de potasse dans le traitement du cancroïde.* (*Bulletin de thérapeutique*, 1865.)

prêter à une exposition sommaire. Cependant, s'il nous fallait caractériser d'un trait les préoccupations actuelles des thérapeutistes, nous dirions volontiers qu'ils cherchent principalement à déterminer l'influence exercée par les substances médicamenteuses sur le système nerveux, soit cérébro-spinal, soit ganglionnaire, et sur les éléments musculaires qui en dépendent. Quant au changement que subit la nutrition intime des tissus, il semble qu'il ne vienne qu'en seconde ligne, comme si l'on entrevoyait dès à présent la possibilité de le faire rentrer dans les conséquences d'un changement primitif de l'innervation. L'expérience célèbre qui démontre dans les nerfs ganglionnaires des filets régissant la contraction ou le relâchement des petits vaisseaux semble avoir renversé la barrière que nos devanciers avaient placée sur les confins de la vie nerveuse et de la chimie vivante. Comment tel médicament agit-il sur les divers organes cérébraux, sur les différents faisceaux de la moelle? Est-ce en accroissant ou en diminuant leur énergie fonctionnelle? Ajoute-t-il à l'excitabilité des éléments sensitifs pour les hyperesthésier, ou la fait-il par degrés descendre jusqu'à l'anesthésie? Quelle impression fait-il sur les centres excito-moteurs et sur les nerfs du mouvement, les stimulant et donnant lieu à des convulsions, ou les déprimant et produisant la paralysie musculaire? Ces modifications en plus ou en moins s'accompagnent-elles ou non d'une activité plus grande ou moindre des sécrétions glandulaires? Quelle influence en a ressentie le grand sympathique? Est-ce une excitation qui se traduira par l'entrée en jeu des éléments contractiles des vaisseaux et par l'anémie des organes, ou bien une sédation qui aura pour conséquence l'atonie des parois vasculaires? Le cœur a-t-il ralenti ou précipité ses battements? Le système artériel manifeste-t-il un excès ou un défaut de tension? Voilà les questions que les médecins se posent le plus souvent. Bien plus rarement ils discutent celles qui ont trait aux mutations chimiques que le médicament éprouve dans les organes ou leur fait éprouver; comment ses qualités acides ou alcalines modifient les réactions des diverses humeurs, etc. A tort peut-être, cette face de la thérapeutique est moins en vue aujourd'hui, et l'on néglige presque, comme n'ayant qu'une importance secondaire, ce qu'il peut y avoir de purement chimique dans l'action médicamenteuse. Rien n'est plus démonstratif, à cet égard, que l'histoire du diabète et du traitement qu'on y oppose[1].

Il y a plus : l'idée même de la *spécificité*, idée sinon empruntée à la chimie, du moins voisine de celle d'une neutralisation, d'un arrêt de fermentation ou d'autres analogues, tend de plus en plus à s'effacer des esprits. Loin d'accepter l'action en bloc d'une substance contre une maladie, on veut connaître de plus près le *comment* de cette action, et saisir le mode suivant lequel l'impression physiologique produite par le médicament contrarie les actes physiologiques nés de la cause morbigène, et, les faisant cesser, rétablit l'équilibre. Qu'il s'agisse du quinquina, de l'arsenic ou de l'hydrothérapie, nul ne mettra en doute leur utilité contre les fièvres d'accès[2]; mais, la part faite au résultat empirique, on s'enquerra du mécanisme de leur action sur le système vasculaire ou sur le système nerveux, et bien peu songeront à une opposition substantielle entre un poison morbide et un remède qui le détruit.

[1] Bouchardat, *Mémoire sur la nature du diabète sucré et sur son traitement* (*Revue médicale*, 1838); — *Du diabète sucré ou glycosurie, son traitement hygiénique*. (*Mémoires de l'Académie de médecine*, 1851.) — Mialhe, *Nouvelle théorie du diabète sucré* (*Comptes rendus des séances de l'Académie des sciences*, 1844); — *Mémoire sur la digestion et l'assimilation des matières amyloïdes et sucrées* (*Gazette médicale*, 1846); — *Fonctions chimiques des glandes et théorie de la glycosurie*. (*Bulletin de l'Académie de médecine*, 1866.) — Marchal (de Calvi), *Recherches sur les accidents diabétiques*, Paris, 1864. — Béranger-Ferraud, *Emploi de la teinture d'iode dans le traitement du diabète*. (*Bulletin de thérapeutique*, 1865.)

[2] Gubler, *De l'antagonisme de l'opium et du sulfate de quinine*. (*Bulletin de la Société des hôpitaux*, 1858.) — Boudin, *Traité des fièvres intermittentes et contagieuses des contrées paludéennes, suivi de recherches sur l'emploi thérapeutique des préparations arsenicales*, Paris, 1842. — Cahen, *De l'acide arsenieux dans le traitement des congestions qui accompagnent certaines affections nerveuses*. (*Archives de médecine*, 1863.) — Fleury, *Du traitement hydrothérapique des fièvres intermittentes*, Paris, 1858.

De même, dans le traitement de la syphilis[1], le mercure ou l'iodure de potassium ne sont pas administrés comme antidotes d'un virus, mais bien à titre d'agents susceptibles d'arrêter dans les organes les manifestations anatomo-physiologiques de la virulence, ou d'y favoriser un travail intestin d'élimination. — Quand même cette manière d'envisager la plupart des actions médicamenteuses n'aurait d'autre avantage que de faire apprécier plus sainement le degré d'utilité des moyens dits *spécifiques* (alcalins contre la goutte, etc.), d'en étendre l'usage à des états morbides étrangers au cadre étroit de la spécificité (la quinine donnée dans les névralgies non périodiques et les congestions sanguines); quand on n'y gagnerait que de mieux connaître la puissance propre de l'organisme dans le cas où tout traitement fait défaut, ce seraient déjà là des résultats dignes d'être sérieusement médités. Mais cette vue conduit plus loin encore dans la voie des applications pratiques, et, par exemple, n'est-ce pas l'antagonisme physiologique, en dehors de toute considération chimique, qui conduit à se servir de l'opium dans l'empoisonnement par la belladone, c'est-à-dire à opposer un agent qui fait contracter l'iris à un autre qui dilate la pupille[2]? La ten-

[1] Diday, *Histoire naturelle de la syphilis*, Paris, 1863. — Follin, *Mercurialisme et syphilis*. (*Arch. de méd.* 1861.) — *Discussion sur le traitement mercuriel de la syphilis* : MM. Dolbeau, Després, Depaul, Lefort, Panas, etc. (*Bull. de la Soc. de chir.* 1867.) — Ricord, *Bull. gén. de thérap.* 1837, et *Gaz. des hôpit.* 1839. — Trousseau et Pidoux, *Traité de thérap. et de mat. médic.* 1841; 7e édition, 1862. — Payen, *De l'emploi de l'iodure de potassium*, Paris, 1847. — Gauthier, *Observations pratiques sur le traitement des maladies syphilitiques par l'iodure de potassium*, Lyon, 1847.

[2] Béhier, *Emploi des injections médicamenteuses sous-cutanées dans la traitement des névralgies et d'autres affections* (*Union méd.* 1859); — *Empoisonnement par le sulfate d'atropine.* (*Union méd.* 1863.) — Camus, *Étude sur l'antagonisme de l'opium et de la belladone*, thèse, Paris, 1865. — Lemaître, *Recherches expérimentales et cliniques sur les alcaloïdes de la famille des solanées.* (*Arch. de méd.* 1865.) — Blondeau, *Nouvelles observations relatives à l'antagonisme de l'opium et de la belladone.* (*Arch. de méd.* 1865.) — Gubler, *De l'antagonisme de l'opium et du sulfate de quinine* (*Bull. de la Soc. méd. des hôpitaux*, 1858); — *De la puissance sédative du bromure de potassium.* (*Bull. de thérapeutique*, 1864.) — Constantin Paul, *De l'antagonisme en pathologie et en thérapeutique*, thèse d'agrégation, Paris, 1866.

tative de combattre par le *curare* le tétanos traumatique[1] est du même ordre.

Pour nous résumer, la thérapeutique, gardienne d'une tradition dont elle connaît tout le prix, ne s'y attache cependant pas aveuglément. Elle appelle à son aide la physique et la chimie et poursuit l'analyse des actes vitaux, aspirant à fonder ainsi une véritable science, la science des guérisons, contre-partie symétrique de la science des maladies. Pour atteindre ce but, elle place sa foi dans une méthode, la seule qui, consciencieusement appliquée, contienne en elle-même le correctif de toutes les erreurs dont elle ne préserve pas tout d'abord : la méthode expérimentale. Elle lui doit d'avoir de plus en plus élevé et précisé le rôle du médecin auprès du malade, et d'avoir modifié la pharmacologie dans un sens qu'une voix plus autorisée que la nôtre s'est chargée d'indiquer dans les termes suivants[2] :

« ..... Comme si les anciens, adressant leur médication au ma-« lade pris dans son ensemble, avaient habituellement cherché à « introduire dans leurs formules des substances variées, pondérées « et compensées, qui, mettant en mouvement toutes les forces de « la vie, en pussent rétablir l'équilibre troublé..... Comme si les « modernes, localisant de plus en plus le siége de la maladie, lo-« calisaient aussi la direction assignée au médicament, et cher-« chaient, par suite, tout en faisant la part du traitement général, « à l'obtenir énergique, limité, précis..... »

[1] VELLA, *Emploi du curare dans le traitement du tétanos.* (*Comptes rendus des séances de l'Acad. des sciences,* 1859.) — VULPIAN, *Gazette hebdomadaire de méd. et de chir.* 1859. — BROCA, *Tétanos traité par les injections de curare dans le tissu cellulaire sous-cutané.* (*Union médic.* 1862.)

[2] DUMAS, préface du *Codex medicamentarius* (*Pharmacopée française*), nouvelle édition, Paris, 1866.

DE L'AVENIR DE LA MÉDECINE.

I

Il faudrait être aveugle pour ne pas le reconnaître, la médecine a réalisé depuis le commencement du siècle, et surtout dans le cours de ces trente dernières années, d'incontestables progrès. Cependant, nous ne serons contredit par personne, si nous affirmons qu'elle est encore éloignée du but qu'elle poursuit depuis son origine. Cette marche relativement lente de la médecine, quand on la compare aux autres sciences ses sœurs, si jeunes et déjà si fécondes, ne doit pas nous surprendre.

Les phénomènes dont les êtres vivants sont le théâtre se présentent à nos yeux dans un état de complexité qui contraste avec la simplicité relative des phénomènes du monde extérieur. L'étude de l'homme en particulier, alors même qu'on ne recherche en lui que le premier des animaux, soulève à chaque pas d'innombrables problèmes. Ce que nous ne savons pas, ce que nous ne pouvons savoir (car nous assistons à l'aurore des sciences), nous nous résignons difficilement à en réserver la solution.

Avide de connaître, l'homme s'attaque de prime abord aux questions insolubles. A l'origine de toutes les sciences, la curiosité humaine échoue sur les mêmes écueils. Ce n'est que plus tard qu'éclairé par les exemples du passé, l'homme abandonne les hautes régions où son esprit plane sans entraves, et que, volontairement enchaîné à l'expérience, il se résigne à gravir d'un pas lent, mais sûr, les sommets qui se dérobent à ses regards. Tandis que les sciences physiques, définitivement séparées du tronc métaphysique, vivent de leur vie propre et poursuivent les phases rapides de leur développement, la science des êtres vivants n'a pas rompu tous les liens qui l'y tiennent rattachée.

Ce qui frappe tout d'abord dans l'histoire de la médecine, c'est que la marche ascendante n'a pas toujours lieu d'une manière progressive. Trop souvent une vérité nouvelle suffit à l'édification d'un corps de doctrine qui s'applique, avec ou sans raison, à des faits plus ou moins analogues. Du haut de cette construction artificielle, le point de vue n'est plus le même; le novateur affirme que la médecine a trouvé sa voie : des disciples se groupent autour de lui et s'engagent à sa suite. Mais le temps est une épreuve infaillible : la chaîne des déductions se brise peu à peu, et l'édifice s'écroule. Le service le plus signalé qu'ait rendu à la médecine le bouillant réformateur du commencement du siècle, c'est bien moins d'avoir conçu et promulgué ce dogme nouveau de l'irritation, qui devait à son tour disparaître, que d'avoir ruiné les systèmes de ses devanciers pour y planter son drapeau.

De nos jours, avec le prompt échange des idées, la rapidité des communications, les publications quotidiennes, la critique immédiate, on peut affirmer que ces fragiles édifices sont à jamais condamnés. Le discrédit des doctrines et des systèmes, tel est, aujourd'hui, le fait dominant. Bien loin de nous en affliger, nous pensons qu'il faut s'en réjouir, car nous estimons qu'il n'appartient à aucun homme, quelque grand qu'il soit, de renfermer la science médicale non plus que toute autre science, dans les limites bornées de son horizon personnel. Les doctrines et les systèmes représentent la période d'enfance de la médecine. Toute science est l'œuvre du temps, et à ce titre elle est l'œuvre de tous.

Abandonnant la région des chimères et renonçant aux conceptions systématiques ambitieuses et prématurées, la médecine entrevoit chaque jour plus clairement son objet. Elle commence à sentir que le premier besoin d'une science, c'est de déterminer et de limiter le champ de ses recherches. Or quelle est l'étendue de son domaine? Quelles sont ses limites? C'est ce que nous allons examiner.

II

Il ne manque pas d'esprits éclairés pour affirmer, encore aujourd'hui, qu'il est impossible d'aborder l'étude des phénomènes de la vie à l'aide de la méthode en usage dans l'étude des autres sciences naturelles, c'est-à-dire à l'aide de la méthode expérimentale. Cette croyance tient, pensons-nous, à une fausse appréciation des conditions mêmes de la connaissance. La biologie a un sujet, l'être vivant; il est sous nos yeux, nous pouvons l'observer, le toucher, l'interroger, l'analyser : la biologie est une science objective. Lorsque, s'élevant au-dessus du phénomène saisissable, le médecin s'efforce de pénétrer la nature même de la vie ou de son principe, il franchit les limites de son domaine. A la métaphysique de poser ces questions, sinon de les résoudre. La science expérimentale, c'est là son caractère fondamental et c'est par là qu'elle vaut quelque chose, la science expérimentale déclare ici son impuissance, je dirais même son indifférence, si rien de ce qui est du domaine de l'intelligence humaine pouvait nous être indifférent.

Le médecin et le physiologiste qui croient pouvoir saisir ce que c'est que la vie, ce que c'est que l'essence des maladies, ne s'épuisent pas seulement en vains efforts; cette étude présente encore des dangers sérieux. Échappant à toute définition précise, ces fantômes que le médecin poursuit le conduisent à se contenter d'explications spécieuses, que le temps consacre et qui tiennent la place de la vérité. Un mot que nous employons pour caractériser ce que nous ignorons n'a par lui-même qu'une valeur négative. Circonscrire les phénomènes, chercher à saisir les conditions de leur manifestation, afin de pouvoir les reproduire en réalisant ces conditions; en un mot, tenter de fixer les lois de la vie dans l'état de santé et de maladie, l'un et l'autre de ces états n'étant que les expressions variées du problème biologique : voilà tout ce qu'il peut faire. Il ne s'agit point pour le médecin de la recherche des causes finales ou de la dernière raison des choses, mais de la recherche des causes prochaines. S'il ne nous est jamais donné de pénétrer les premières, sachons du moins nous rendre maîtres des secondes.

« Quoi! s'écrie l'un des représentants les plus éminents de ces « aspirations sans limites, vous abandonnez la réalité pour l'ombre; « vous ne voulez voir que le phénomène extérieur. Ce qu'il importe « de connaître, c'est ce qui est au fond. Pourquoi ces cellules or- « ganiques, le dernier mot de l'analyse moderne, pourquoi ces « cellules sont-elles agglomérées? Pourquoi se multiplient-elles « suivant un ordre déterminé? Pourquoi se transforment-elles? « Pourquoi se séparent-elles dans leurs attributions fonctionnelles? « Pourquoi leur ensemble se range-t-il sous un type invariable « qui caractérise l'espèce? Pourquoi cette forme se transmet-elle « par la génération?... Ces questions enferment en elles les lois « fondamentales de la vie, et l'on prétend l'étudier et la connaître « en négligeant tous ces problèmes! »

Est-ce bien à nous que ces paroles s'adressent, et ne serions-nous pas en droit de les renvoyer à leur auteur? Ce problème fondamental, l'avez-vous résolu? Le fait incontestable de l'unité et de la coordination des phénomènes vitaux, le mystère de la formation et du développement du germe, tout cela en devient-il plus clair pour être placé sous le patronage d'une conception idéale? Dès les premiers jours de la science, tous ces points d'interrogation ont été posés, sous une forme ou sous une autre. Depuis cette époque, ces questions, si souvent débattues, ont-elles fait un pas, un seul?

A nos yeux, l'un des grands mérites de la médecine de nos jours, c'est précisément d'avoir abandonné cette chimérique poursuite. Vouloir résoudre ces problèmes, c'est chercher l'essence même de la vie. Le *pourquoi* des phénomènes est situé dans les régions de la fantaisie. Le *comment* est le seul terrain de la médecine expérimentale, et l'étude des conditions d'existence des phénomènes ouvre un champ déjà si vaste à ses aspirations, qu'il est impossible d'en mesurer les limites.

D'autres vont répétant chaque jour que l'école de Paris fait fausse route, qu'elle est sur une pente fatale. Ils vantent sans cesse l'antiquité de la doctrine dont ils se glorifient d'être les disciples, comme si l'autorité était de mise en matière de science.

Pourquoi mélanger toujours les questions? Que peut gagner la médecine à cette évocation stérile d'un problème tant de fois agité et jamais résolu? Vous parlez sans cesse de la *matière* et de la *force;* pouvez-vous nous dire ce qu'est l'une et ce qu'est l'autre? Quand on prononce le mot *matière,* notre pensée conçoit quelque chose d'étendu et de divisible; mais ce qu'elle est en elle-même, nous confessons ne le point savoir. Si l'on nous demande ce qu'est la *force,* il nous est plus difficile de répondre, il nous est même impossible d'en donner une définition satisfaisante, et l'idée que nous nous en formons dérive uniquement de l'effet qu'elle est capable de produire. Les uns diront que c'est une substance indéfinissable et qui existe par elle-même; les autres affirmeront qu'il est impossible de la concevoir sans un être ou un sujet qui la possède; d'autres encore, les plus sages peut-être, s'aperçoivent qu'ils ne savent absolument rien sur ce point.

Quand nous voyons Leibnitz, l'un des plus puissants génies dont s'honore l'humanité, riche des plus vastes connaissances qu'aucun homme au monde ait possédées, user sa vie à cette recherche, déclarer que toute substance est force et toute force substance, et finir enfin, en désespoir de cause, par confondre la matière et la force dans la notion de l'être simple ou de la monade, cela nous rend modestes. C'est avec moins de regrets que nous descendons des régions de l'idéal dans le monde des réalités, et nous ne rapportons de ce domaine de l'invisible, dans lequel la pensée trouve tant de charme à s'égarer, que la conscience de notre impuissance et le vivant témoignage d'une perfection qu'il ne nous est pas donné d'atteindre, mais que nous ne pouvons entrevoir sans y aspirer.

Si encore cette force, ou ces forces dominatrices auxquelles l'organisation est subordonnée, de quelque nom qu'on les désigne, n'étaient que de pures conceptions, elles auraient droit de cité comme toute autre dans le domaine de la spéculation. Mais de ce point de départ qui domine tout, on croit pouvoir déduire le reste. Malgré l'abîme qui sépare le fait de l'idée, tout découle de cette conception *à priori*, tout s'y ramène. La santé n'est que l'équilibre des forces; la maladie n'en est que le désordre; quant aux conditions matérielles, visibles ou invisibles, connues ou inconnues, elles n'en sont que les conséquences. De leur augmentation, de leur diminution, de leur perversion, résultent tous ces états changeants et divers qui se déploient dans le cadre nosologique. Moins soucieuse des faits d'application, bien qu'elle fasse sonner très-haut son caractère pratique, cette école semble se préoccuper beaucoup moins de mettre la doctrine en harmonie avec l'idée qu'on peut se faire des agents de la thérapeutique, agents qui sont en somme des objets matériels et qui s'adressent à des éléments solides ou fluides.

Que tout fait extérieur soit impuissant à produire immédiatement un acte vital ou morbide, que cet acte soit toujours le produit de l'être vivant, d'accord. Mais que la vie soit créatrice de mouvement, qu'elle soit cause spontanée d'actes qui découlent de son activité incessante, qu'elle demeure toujours libre de répondre ou de garder le silence, qu'elle reste maîtresse de ses mouvements, de ses actes, de ses déterminations morbides; nous tenons cette conception pour antiscientifique, et nous sommes convaincu qu'elle aurait pour l'avenir de la science les plus funestes conséquences. Au lieu d'être, comme on le prétend, ce principe fécond en dehors duquel toute pathogénie est condamnée d'avance, nous pensons, au contraire, qu'elle ferme la voie du progrès et qu'elle est une barrière fatale.

Avec cette force arbitraire qui n'obéit à aucune règle, l'exception déborde la science; on ne peut plus rien affirmer, rien prévoir, rien connaître.

Cette spontanéité, la raison de tous les actes de l'animalité, on l'appelle *créatrice.* A-t-on bien pesé toute la valeur du mot? Prétendrait-t-on qu'elle est affranchie de toute dépendance causale, et qu'il lui appartient de faire quelque chose de rien? On serait tenté de le croire : car nulle part on ne se préoccupe de savoir où elle puise son principe d'action, tandis que là est précisément pour nous toute la science des êtres vivants.

En vain, pour justifier la doctrine, on invoque cette portion de l'homme qui fait de lui un être actif et agissant, et l'on affirme la liberté humaine. Cette spontanéité de la personne morale n'a rien à faire avec la spontanéité organique. Si l'homme était libre d'être malade ou bien portant, la médecine n'existerait pas même de nom.

III

A l'origine de la médecine, l'art médical n'est qu'un recueil d'observations groupées et rapprochées dans ce qu'elles ont de commun, afin d'en déduire des préceptes de traitement. Plus tard, on ne se contente plus de ces notions pratiques données par le hasard et accumulées par la tradition. Le mal qu'on cherche à combattre, on veut le connaître, on tente de remonter à son origine, on s'efforce d'en pénétrer les causes et d'en saisir la nature.

Le but est entouré d'obscurités; l'esprit peut s'égarer dans cette recherche; il a du moins l'ambition de l'atteindre. La médecine n'était qu'un art, elle aspire à devenir une science. L'idée qu'il faut relier l'observation médicale au précepte thérapeutique, et que le véritable problème consiste à trouver un rapport logique entre l'agent modificateur et la matière modifiable, cette idée, une fois entrée dans les esprits, n'en sort plus. Ainsi s'explique l'immense influence qu'a exercée Galien. Telle est la puissance d'une grande idée, que devant elle la mémoire vénérée d'Hippocrate, dont Galien est en bien des points le continuateur et le disciple, perd son prestige. Tout s'efface devant le médecin de Pergame. Pendant quatorze cents ans, presque jusqu'à nos jours, sa doctrine et jusqu'à ses erreurs s'imposent avec l'autorité d'un véritable dogme. Il y a là un grand enseignement.

Les systèmes éphémères que les deux derniers siècles ont vus naître et mourir ne furent au fond que le développement de la même pensée, et répondaient au même besoin. Mécaniciens, chimistes, solidistes, humoristes, animistes, vitalistes, tous s'accordent en ce point qu'ils subordonnent le choix du remède à une conception raisonnée de la maladie. Mais, assujettis au joug de la philosophie et des connaissances physiques et chimiques du moment, dérivant l'idée de la maladie d'une conception mécanique, physique, chimique, ontologique, ils crurent pouvoir tirer toute la pathologie d'un seul théorème, d'un seul axiome. Tel a été le vice commun des systèmes. Qu'éclairée par les exemples du passé, la médecine abandonne sans retour une voie où elle rencontrerait les mêmes écueils. Ce que Galien cherchait de son temps, la médecine de nos jours le cherche encore. Le but qu'il poursuivait n'a pas cessé d'être le même.

Sublata causa tollitur effectus. La médecine est tout entière dans ce court aphorisme. Que la cause soit difficile à saisir, d'accord : deux mille ans d'efforts en témoignent suffisamment. Mais quand nous entendons affirmer que toute tentative de ce genre est et doit demeurer infructueuse; que, pour être en état de guérir les maladies, il importe peu d'en connaître les causes génératrices, il nous semble, on l'a dit avant nous, il nous semble voir un aveugle armé d'un bâton frapper au hasard sur la maladie ou sur le malade.

« Un homme tombe en apoplexie, dit Voltaire : ce ne sera ni un « capitaine d'infanterie, ni un conseiller de la cour des aides qui le « guérira. » Si le médecin triomphe ici, sans conteste, c'est bien moins parce qu'il a conservé le souvenir de ce qu'il a vu faire en pareil cas, que parce qu'il peut remonter à la cause qui a jeté sans mouvement cet homme sur le sol.

La recherche des causes, telle est, nous le répétons, toute la médecine. Mais il faut bien s'entendre sur ce point.

Pour différer des corps bruts, les corps vivants ne peuvent être abordés par des moyens différents. Dans toutes les sciences le but et la méthode sont identiques. L'esprit humain est un, et les voies de la connaissance sont toujours et partout les mêmes. On ne saurait se lasser de le redire (car on l'oublie sans cesse), la nature ou l'essence des maladies nous est et nous sera toujours inconnue. Dans le monde physique, tout aussi bien que dans la sphère des êtres vivants, jamais nous ne saisirons que des propriétés. L'homme, et c'est là toute sa grandeur, s'efforce de reculer toujours davantage l'horizon obscur au delà duquel son regard ne pénètre pas; mais une cause ne sera jamais pour lui qu'un effet qui en précède un autre. Rattacher, à l'aide de l'expérience et du raisonnement, le fait qu'il observe à ses conditions d'existence, c'est-à-dire au fait qui l'engendre; saisir le lien direct qui unit le phénomène qu'il observe à celui qui le précède, c'est-à-dire à sa cause prochaine : tel est le rôle du savant. Chercher le rapport de subordination des effets, ou, en d'autres termes, la condition d'existence des phénomènes : tel est le cercle fatal qu'il ne saurait franchir.

L'homme s'accoutume difficilement à ignorer. L'habitude des recherches scientifiques peut seule tempérer et régler cette tendance spontanée qui le porte à expliquer avant de connaître. Quand, abandonnant le monde des réalités, il mélange les produits de son imagination avec les données de l'expérience, il se trompe lui-même et il trompe les autres. Sous leur séduisante parure de langage, ses brillantes créations peuvent éblouir un instant; bientôt l'enveloppe périssable se dissipe, et le germe de vérité qu'elles contenaient reste seul, car seul il est éternel.

Lorsque, fidèle aux procédés de la recherche scientifique, l'expérimentateur a pénétré la cause prochaine d'un phénomène, il a fait en avant un pas décisif et irrévocable. Pouvant reproduire à son gré les conditions qui en règlent la manifestation, il en devient pour ainsi dire le maître, car il peut le faire apparaître, le prévoir et le diriger. Il est alors en possession du fait qu'il étudie, il le connaît, non pas dans sa cause insaisissable, mais dans l'ordre étiologique de son évolution, c'est-à-dire qu'il est en possession de la loi suivant laquelle il se produit nécessairement. Chercher et trouver la loi des phénomènes, tel est en effet le seul champ ouvert aux efforts de l'expérimentateur, en médecine comme en toute autre science.

Est-ce à dire que les phénomènes qui se passent dans les êtres vivants peuvent être ramenés aux lois auxquelles obéissent les êtres inanimés? Qu'au lieu de remonter péniblement la chaîne des effets dont nous ne connaissons encore que quelques anneaux, des esprits impatients s'engagent témérairement sur les traces d'Épicure et de Lucrèce, et cherchent à réunir et à confondre tous les êtres de l'univers en une seule unité cosmique, ce sont là des conceptions métaphysiques que nous voyons s'épanouir de temps à autre, depuis l'origine des sciences. La méthode expérimentale n'a pas de si hautes visées. Il suffit au physiologiste et au médecin de jeter un coup d'œil sur les objets qui les environnent, pour reconnaître que les êtres doués de vie diffèrent profondément des corps bruts. La méthode expérimentale est toujours la même, car il ne saurait y en avoir d'autre; mais il est évident que la matière vivante a des attributs qui lui appartiennent, et que, par conséquent, la biologie a ses phénomènes spéciaux et ses lois propres. Il saute aux yeux que, pour savoir quelque chose des fonctions de la vie, c'est sur les êtres vivants qu'il les faut étudier.

La médecine, il ne pouvait en être autrement, a commencé par être une science d'observation. Avec des connaissances assez bornées en anatomie, à peu près exclusivement livrés à l'étude des signes extérieurs de la maladie, les médecins de l'antiquité nous ont laissé des tableaux saisissants de vérité. Mais prétendre que la médecine ne doit jamais être autre chose, la faire reposer uniquement sur cette antique base, et, après les naufrages des doctrines, l'y ramener comme à un port de salut, ce serait rétrograder, ce serait ranger la médecine au nombre des sciences dont l'objet est, pour ainsi dire, en dehors de notre sphère d'action. L'astronomie est et restera une science d'observation, car l'homme ne peut se flatter d'arriver jamais à modifier le cours des astres. La maladie n'est pas un phénomène inaccessible : la médecine peut et doit devenir, non-seulement une science d'observation, mais une science expérimentale. La biologie lui en fournit les moyens. Par elle il sera donné au médecin de pénétrer les mystères de la machine vivante, de connaître le mal dans sa cause prochaine, c'est-à-dire dans les conditions organiques qui le déterminent, et de formuler enfin les lois de l'organisme sain et de l'organisme malade.

C'est déjà beaucoup de connaître la marche du mal et d'en prévoir les manifestations; ce qui est plus encore, c'est de le prévenir et de le combattre. Le but proposé à nos espérances paraîtra peut-être ambitieux; mais ces espérances n'ont rien de téméraire, car, si l'on peut avoir la prétention légitime de diriger les phénomènes, c'est évidemment en se soumettant aux lois naturelles qui les régissent.

Un injuste dédain pour les précieuses acquisitions de la médecine traditionnelle et aussi l'introduction prématurée ou faite sans discernement de quelques faits biologiques en pathogénie ont suscité une opposition qui s'efforce chaque jour de mettre en relief les difficultés de la méthode expérimentale, et qui ne cesse d'insister sur ses incertitudes et ses contradictions. Quelques-uns vont jusqu'à contester la légitimité des applications de la physiologie à la médecine. Cette fin de non-recevoir a sa source dans une vue incomplète des choses. Ce qu'on tient pour incontestable lorsqu'il s'agit des phénomènes de la matière brute, on croit pouvoir le mettre en doute lorsqu'il s'agit de la matière vivante, comme si les phénomènes du monde physique étaient seuls assujettis à des lois fixes, tandis que ceux du monde organique y seraient soustraits. On parle d'expériences contradictoires, tandis qu'en réalité il n'y a que de bons et de mauvais expérimentateurs. En biologie, pas plus que dans les autres sciences naturelles, il n'y a rien de variable et d'indéterminé. Les actes vitaux, il est vrai, présentent une grande complexité; ils ne peuvent être abordés qu'avec une extrême réserve, et il n'est pas donné à tout le monde de les interpréter; mais leur langage ne saurait être contradictoire.

Dans l'état présent de la science physiologique il est un petit nombre d'actes dont les conditions sont bien déterminées; il en est un plus grand nombre que nous ne connaissons encore que par certains côtés : quoi de surprenant qu'ils aient parfois donné des résultats différents aux expérimentateurs, alors que ceux-ci ont pu se croire dans des conditions identiques?

Ce qui est vrai en physiologie ne peut pas ne pas être vrai en pathologie. De deux individus du même âge atteints d'une même maladie et soumis au même traitement l'un guérit, et l'autre succombe. Invoquer la vie pour expliquer la différence du résultat, c'est appeler à son aide une inconnue qui n'explique rien. Ce qui est démontré par l'événement, c'est que les conditions organiques n'étaient pas identiques.

Les fonctions des organes vivants s'accomplissent conformément aux propriétés de leurs tissus et à l'influence des circonstances extérieures. De ces deux termes, dans lesquels se résume la biologie normale et pathologique, le premier, bien qu'incomplétement connu, l'est mieux cependant que le second. Les formules thérapeutiques auxquelles viennent aboutir la science du pathologiste et l'art du praticien ne sont trop souvent encore que des moyens empiriques dont le mode d'action nous échappe. Quant aux états organiques auxquels il les applique, s'il les connaît mieux, le médecin les connaît-il entièrement? Après la mort, l'observateur peut sans doute constater la lésion matérielle et l'étudier dans ses caractères actuels; mais, pour ne point parler des maladies dont les altérations se dérobent encore à nos moyens d'investigation, il ne peut guère saisir ainsi que les ravages ultimes de l'évolution morbide. Les occasions sont rares où il peut se renseigner sur la genèse et sur les premières périodes du mal.

La connaissance des effets produits par les modificateurs, que ces modificateurs agissent immédiatement, ou que leur action, pour ainsi dire secondaire, ne se produise en quelque sorte qu'à long terme et par l'intermédiaire du milieu organique, cette connaissance offre aux recherches de la pathologie expérimentale le champ le plus vaste et le plus fécond. Découvrir dans l'organe troublé dans ses fonctions, altéré dans ses propriétés, les nouveaux rapports qu'il entretient avec les agents modificateurs, ne serait-ce pas trouver du même coup les moyens d'agir rationnellement et de rétablir ces rapports dans leur état normal? Ce problème est-il au-dessus de la puissance humaine?

N'oublions pas qu'à l'encontre des doctrines individuelles qui prétendent à l'immuabilité et qui se personnifient dans un nom, toute science constituée est une œuvre essentiellement impersonnelle, qui réclame le concours et les efforts de tous et qui a le temps pour elle. Si sa marche est lente et laborieuse, il est dans son essence de marcher sans cesse; elle est progressive par nature, car elle est toujours incomplète, toujours perfectible. Elle n'est une véritable science qu'à cette condition. « Toute science soumise à « l'expérience, dit Pascal, doit être augmentée pour être parfaite, « et c'est notre devoir de la laisser à ceux qui viendront après nous, « dans un état plus accompli que nous ne l'avons reçue. »

IV

Dès l'abord on nous arrête. Ce que vous appelez les *causes prochaines* des maladies n'est et ne peut être, nous dit-on, que des causes accidentelles ou contingentes. A supposer qu'il vous soit un jour donné de les pénétrer, vous connaîtrez peu de chose. Ce qu'il ne faut pas perdre de vue, ajoute-t-on, ce qui importe, c'est la cause réelle, c'est la cause efficace : or, cette cause, voulez-vous la connaître ? Elle n'est autre que la vie elle-même. C'est-à-dire que ce quelque chose d'indéterminé et d'insaisissable que nous appelons *la vie*, on le place au sommet de la pathologie comme le principe irréductible de toute causalité.

Tout se tient, tout s'enchaîne. Si la maladie est un fait vital, elle est une affection propre de la vie. Toute maladie est une manifestation de la spontanéité vivante ; elle s'engendre, en quelque sorte, d'elle-même par une véritable autogenèse ; nous avions l'entité vie, nous avons l'entité maladie : deux mystères au lieu d'un.

En matière de science, disons-le tout d'abord, rechercher dans le principe de causalité autre chose qu'un rapport de succession, c'est reléguer à tout jamais le problème scientifique dans le domaine des questions insolubles, c'est affirmer la négation absolue de la science, car c'est la détruire dans sa base même.

Voyons d'ailleurs ce que vaut cette affirmation. Placé au seuil de la doctrine comme la clef de la pathologie, le principe de la spontanéité normale et morbide de l'être vivant est absolument vrai à tous les degrés de l'animalité, ou il n'est rien. Ce n'est pas le lieu d'entrer dans des développements qui dépasseraient les limites de cette étude. Au lieu d'envisager le problème dans les êtres supérieurs, descendons un instant jusqu'aux derniers échelons de la série animale, là où la vie se montre sous ses attributs les plus simples, et nous pourrons nous convaincre aisément que la spontanéité, nous ne disons pas de l'être pensant, mais de l'être vivant n'est qu'une illusion. Dans tous les corps de la nature, aussi bien dans les êtres organisés que dans les corps bruts, tout phénomène se montre sous un double aspect. Il présente à considérer, d'une part, le corps qui subit la modification, qui réalise l'acte ou le mouvement ; et, d'autre part, le milieu, l'agent ou la circonstance qui sollicitent cette modification, cet acte ou ce mouvement. On peut même affirmer, à bien considérer les choses, que l'action est réciproque, car un corps n'en peut modifier un autre sans être modifié lui-même. Dans la graine, dans l'œuf, dans les organismes inférieurs, ces faits sont d'une évidence palpable. Non-seulement cette double action peut être saisie, on peut encore la mesurer. Lorsqu'on s'élève dans la série des êtres vivants, le nombre et la variété toujours croissante des organes et des appareils, la complexité de plus en plus grande des fonctions de l'animal, masquent plus ou moins complétement le phénomène : ces êtres semblent, au premier abord, soustraits aux influences qui les entourent ou qui les pénètrent, si bien qu'on a pu définir la vie *une lutte contre les choses extérieures*. Mais, à mesure que la science biologique se développe, à mesure que les obscurités qui l'entourent se dissipent, cette vérité, encore contestée, devient de plus en plus claire, savoir : que tous les phénomènes dont les êtres vivants sont le théâtre résultent du conflit réciproque du corps qui reçoit l'action et du milieu qui l'imprime ; ce qui revient à dire qu'aucun corps ne peut se donner le mouvement, et que toute action ou tout mouvement supposent l'intervention d'une relation nouvelle.

On insiste et l'on dit : Une même maladie peut être déterminée par une multitude de causes, même les plus diverses. D'autre part, ne voit-on pas, chaque jour, surgir des maladies différentes sous l'influence d'une même occasion morbide ? Puisque l'être vivant répond à sa manière à une même sollicitation, n'est-ce pas la preuve la plus éclatante de sa spontanéité d'action ? Donc ce qui détermine la maladie, ce qui l'engendre, c'est la vie elle-même, ce n'est point l'agression extérieure.

Que la sollicitation extérieure puisse suffire à elle seule à déterminer la nature du trouble morbide, qui donc songerait aujourd'hui à l'affirmer ? Et que prouve cela, sinon que, dans ce conflit dont l'issue est la maladie, la cause occasionnelle seule nous est parfois connue, tandis que l'état organique auquel elle s'applique nous échappe trop souvent encore ?

Quant à cette multitude de causes que l'étiologie invoque, on peut dire qu'une grande pauvreté se cache sous cette apparente richesse. Dans l'impossibilité où se trouve trop souvent le médecin, de discerner la véritable, c'est-à-dire la cause prochaine, comment pourrait-il se faire un argument de son impuissance?

Dans les phénomènes naturels de la végétation, l'amidon se transforme en sucre sous l'influence de la diastase végétale; mais on peut opérer artificiellement cette transformation, soit à l'aide de l'eau acidulée, soit à l'aide de la chaleur et de la vapeur d'eau, soit à l'aide de la salive. Une personne étrangère à la chimie serait tout naturellement portée à croire que la formation du sucre aux dépens de l'amidon dépend de causes multiples, telles que l'action de la diastase, celle de la chaleur, celle des acides dilués, celle de la salive. Mais le chimiste, qui s'est rendu maître du phénomène, qui le connaît dans sa cause prochaine, sait que cette cause unique, c'est la fixation par l'amidon d'un équivalent d'eau, ou, en d'autres termes, une fixation d'oxygène et d'hydrogène dans les proportions de l'eau. La diastase, la salive, la chaleur, les acides, ne sont que les agents à l'aide desquels la cause prochaine se réalise. *Pourquoi* l'union chimique de l'eau et de l'amidon engendre-t-elle du sucre? C'est là le secret de la vie végétale. Au temps de l'alchimie on pouvait se poser des questions de cette nature; le chimiste de nos jours se garde bien de les évoquer. Il connaît les conditions de cette union, il peut la réaliser quand il lui plaît; n'est-ce donc rien, et n'a-t-il pas le droit de s'enorgueillir? Telles sont aussi les limites de sa puissance.

Que la médecine entre donc résolûment dans sa véritable voie et qu'elle soit franchement étiologique. La recherche des causes accessibles, tel doit être le but constant de ses efforts. En physiologie et en pathologie, l'objet de l'étude est le même, les méthodes d'investigation ne sauraient différer. La physiologie et la pathologie ne sont que les deux points de vue différents d'une science plus générale qui les contient l'une et l'autre, la biologie.

Il semble qu'il suffise d'énoncer une pareille proposition pour en faire éclater l'évidence. Il ne manque pourtant pas de médecins qui cherchent à se défendre contre ce qu'ils considèrent comme un envahissement. Tout en reconnaissant (comment pourraient-ils le nier?) que les progrès récents de la physiologie ont éclairé d'un jour nouveau beaucoup de questions jusqu'alors obscures, et imprimé à la médecine un véritable progrès, ils n'acceptent son tribut qu'à titre de secours auxiliaire; et lorsqu'on affirme que la science des maladies n'est qu'un rameau de la biologie, ils protestent que la pathologie est une science distincte, ayant non-seulement son autonomie, que personne ne lui conteste, mais encore ses principes, ses lois et ses méthodes. Ils s'efforcent de démontrer que la physiologie s'occupe des phénomènes, tandis que la pathologie est plutôt inductive qu'expérimentale, que la fonction troublée ne constitue pas la maladie, que la maladie est une fonction nouvelle, et que la pathologie échappe ainsi à la biologie. Cette idée n'est qu'un legs du passé. La séparation des deux domaines, que quelques-uns semblent regarder comme désirable, serait, au contraire, des plus préjudiciables aux progrès futurs de deux sciences qui se prêtent un mutuel appui. Il y a là un malentendu. La physiologie et la pathologie ne font que catégoriser les phénomènes; ces deux expressions ne représentent que des créations de notre esprit, que des divisions plus ou moins factices, nécessaires à l'analyse des phénomènes. En réalité, les phénomènes de la vie normale ou morbide et les lois auxquelles ils obéissent se tiennent par les liens les plus étroits. Tout obscurs qu'ils fussent, les faits de la pathologie ont été tout d'abord le domaine et le patrimoine propre de la médecine. L'étude et la connaissance des phénomènes de la vie normale ne sont venues que plus tard. Sans doute la pathologie constitue un vaste champ d'expériences, en quelque sorte toutes préparées, dans lequel la physiologie a déjà fait et doit faire encore d'abondantes moissons, mais n'est-il pas incontestable que le rapport est aujourd'hui renversé? Il l'est dans les faits ; il l'est à bon droit, et depuis longtemps, dans l'enseignement.

Quant aux procédés et aux méthodes, n'est-ce pas se tromper étrangement que de supposer qu'ils puissent différer dans l'une et dans l'autre de ces deux sciences? Que les faits vitaux soient de l'ordre de ceux que nous caractérisons par l'expression d'*état normal*, ou, par opposition, par celle d'*état anomal*, le but que poursuivent ces deux sciences est-il donc différent? Ne s'appliquent-elles pas à des éléments qui sont les mêmes? Que cherchent-elles à connaître l'une et l'autre, si ce n'est les lois de la vie sous ses formes multiples et dans ce qu'elles ont d'accessible pour nous?

En médecine, de même que dans toutes les branches de l'activité humaine, la pratique a devancé la science. Tout ce que peut donner l'observation des malades constitue un précieux héritage, depuis longtemps accumulé dans les archives du passé, et qui va s'accroissant chaque jour. Mais c'est l'investigation anatomique et l'analyse physiologique des phénomènes élémentaires de la matière organisée vivante qui nous permettent et nous permettront de pénétrer de plus en plus dans les mystères de la maladie, et d'asseoir la thérapeutique sur des bases rationnelles. La clinique est à la fois le point de départ et le point d'arrivée.

Il serait plus commode, sans doute, d'affirmer que la pathologie est une science achevée, qui se suffit à elle-même. Mais le médecin digne de ce nom sait bien que la médecine ne finit pas au lit du malade. C'est d'un œil attentif qu'il suit les rapides progrès de la physiologie, car il sait que c'est de ce côté que lui viendra la lumière. Placé en face de l'homme malade, il n'oublie pas que la médecine est l'art de guérir et il a la conscience de poursuivre utilement ce but suprême.

FIN.

www.ingramcontent.com/pod-product-compliance
Ingram Content Group UK Ltd.
Pitfield, Milton Keynes, MK11 3LW, UK
UKHW020324250726
13967UKWH00004B/1847